Réussir le 1er sujet
Le texte argumentatif

BRUNO HONGRE
agrégé de lettres
CLAUDE ETERSTEIN
agrégé de lettres
MICHELINE JOYEUX
agrégée de lettres
ADELINE LESOT
agrégée de lettres

SOMMAIRE

■ **DÉFINITION DE L'ÉPREUVE** 5

■ **MÉTHODE :**
Les outils d'analyse indispensables 11
A – L'ÉNONCIATION 11
B – L'ORGANISATION LEXICALE 25
C – LA STRUCTURE DE L'ARGUMENTATION 34
D – LA RHÉTORIQUE ET LES PROCÉDÉS ORATOIRES ... 41

■ **PREMIÈRE PARTIE DE L'ÉPREUVE :**
Les questions d'analyse
et de compréhension 58

1. ESSAI GÉNÉRAL
« LE PARDON » (J. DELUMEAU) 58
QUESTIONS D'ANALYSE ET CORRIGÉS 59

2. ESSAI POLÉMIQUE
LE BONHEUR CONFORME (F. BRUNE) 64
QUESTIONS D'ANALYSE ET CORRIGÉS 65

3. ESSAI GÉNÉRAL
« FIDÉLITÉ » (ALAIN) 70
QUESTIONS D'ANALYSE ET CORRIGÉS 72

4. ESSAI POLITIQUE
« ÉGALITÉ ET PERFECTIBILITÉ » (TOCQUEVILLE) 77
QUESTIONS D'ANALYSE ET CORRIGÉS 79

5. ESSAI CRITIQUE
PARADOXE SUR LE COMÉDIEN (DIDEROT) 84
QUESTIONS D'ANALYSE ET CORRIGÉS 85

© HATIER, PARIS, 1998   ISBN 2-218 **72565-7**

Toute représentation, traduction, adaptation ou reproduction, même partielle, par tous procédés, en tous pays, faite sans autorisation préalable est illicite et exposerait le contrevenant à des poursuites judiciaires. Réf. : *loi du 11 mars 1957, alinéas 2 et 3 de l'article 41.*
Une représentation ou reproduction sans autorisation de l'éditeur ou du Centre Français d'Exploitation du droit de Copie (20, rue des Grands-Augustins 75006 PARIS) constituerait une contrefaçon sanctionnée par les articles 425 et suivants du Code pénal.

6. PRÉFACE D'UN OUVRAGE LITTÉRAIRE
Préface de *L'Assommoir* (Zola) 88
Questions d'analyse et corrigés 90

■ Deuxième partie de l'épreuve : Les travaux d'écriture 94

1. RÉSUMER / RÉFUTER
«Le pardon» (J. Delumeau) 94
Travaux d'écriture et corrigés 94

2. RÉSUMER / RÉFUTER
Paradoxe sur le Comédien (Diderot) 97
Travaux d'écriture et corrigés 97

3. ÉTAYER / DÉVELOPPER LA THÈSE D'UN TEXTE
L'Émile (Rousseau) 101
Travail d'écriture et corrigé 102

4. COMPARER DEUX ARGUMENTATIONS
«Éloge de l'inconstance» (*Dom Juan*, Molière)
et «Fidélité» (Alain) 107
Travail d'écriture et corrigé 108

5. ANALYSER L'ARGUMENTATION
Appel du 18 juin (Ch. De Gaulle) 112
Travail d'écriture et corrigé 114

6. ANALYSER L'ARGUMENTATION ET LES PROCÉDÉS RHÉTORIQUES
«Le voyage» (Baudelaire) 120
Travaux d'écriture et corrigés 121

■ Trois corrigés complets 126

1. ESSAI SOCIOLOGIQUE
Bonheur et civilisation (Cazeneuve) 126
Questions d'analyse et corrigés 129
Travaux d'écriture et corrigés 133

2. ESSAI CRITIQUE
«L'Art et la Science» (V. Hugo) 138
Questions d'analyse et corrigés 140
Travail d'écriture et corrigé 144

3. POÈME À CONTENU ARGUMENTATIF
«Souvenir de la nuit du 4» (V. Hugo) 149
Questions d'analyse et corrigés 151
Travaux d'écriture et corrigés 154

INDEX DES THÈMES ET DES NOTIONS 158

DES MÊMES AUTEURS

Claude Eterstein :
- *Les Techniques littéraires au lycée*
(Hatier, 1995 ; en collaboration avec A. Lesot)
- *La Discussion*
(« Les Méthodiques », Hatier, 1992)

Bruno Hongre :
- *L'Univers poétique de Jacques Brel*
(L'Harmattan, 1998 ; en collaboration avec P. Lidsky)
- *Le Dictionnaire portatif du bachelier*
(Hatier, 1998)
Ouvrage couronné par l'Académie française

Adeline Lesot :
- *Les Techniques littéraires au lycée*
(Hatier, 1995 ; en collaboration avec C. Eterstein)
- *La Lecture méthodique*
(« Les Méthodiques », Hatier, 1992)

DÉFINITION DE L'ÉPREUVE

En 1995, le premier sujet de français à l'écrit du baccalauréat a été complètement renouvelé : il consiste désormais à faire l'« Étude d'un texte argumentatif ». L'ancien « résumé suivi d'une discussion » a disparu. Naturellement, dans le cadre de l'étude du texte argumentatif, on peut être amené à résumer ou discuter certaines parties de l'extrait mais ces exercices ne doivent faire l'objet que de certaines questions parmi d'autres. Pour l'essentiel, l'épreuve se caractérise par sa variété, tant au niveau de la nature des textes qui vous seront proposés qu'au niveau des types de questions auxquelles vous devrez répondre.

La variété dans la nature des textes

Ce qu'on appelle « texte argumentatif » ne se limite pas à des articles de journaux ou à des passages d'essais. Tout texte destiné à convaincre, par le contenu de ses idées ou de ses arguments, mais aussi par tous les moyens littéraires susceptibles de persuader le lecteur ou l'auditeur, peut être considéré comme un texte argumentatif. Voici la définition qu'en donnent les instructions officielles :

> « L'épreuve s'organise autour d'un texte argumentatif (éventuellement de deux textes), d'une longueur n'excédant pas 800 mots, et avec toute la variété de choix que cette qualification autorise : passage d'un essai ou d'un ouvrage théorique, texte polémique ou pamphlet, article de presse, préface d'un ouvrage littéraire, poème à contenu argumentatif, etc. On veille, dans le choix du ou des textes proposés, à la qualité de la langue et à la cohérence de la pensée ».

La <u>variété de choix</u> et la <u>qualité de la langue</u> sont ici les expressions clefs. Elles ouvrent la voie à une foule de textes littéraires ou classiques : lettres, traités, préfaces de pièces ou de romans, poèmes satiriques ou didactiques, oraisons funèbres ou plaidoyers divers, articles de dictionnaire (comme ceux de l'Encyclopédie, au XVIIIe s.), manifestes et pamphlets, discours politiques (sous la Révolution par exemple), pensées ou propos (ceux d'Alain par exemple). Les textes plus récents (articles de presse, essais) ne représenteront vraisemblablement plus qu'une part réduite des sujets proposés ; ils ne sont choisis, de toute façon, qu'en raison de la qualité de l'écriture ou de la profondeur de la pensée. Ce retour aux grands textes de la littérature d'idées explique aussi la nature nouvelle des questions posées, qui supposent, chez le candidat, des <u>capacités d'analyse littéraire</u>.

La variété des exercices proposés

L'étude du texte argumentatif comprend deux parties, chacune notée sur dix points. La première partie prépare, par une série de questions, la saisie globale du texte. La seconde partie permet, à partir de « travaux d'écriture », de comprendre en profondeur le texte, aussi bien au niveau des idées mêmes du débat qu'il suscite qu'au niveau de sa qualité argumentative (sa force de persuasion).

▰ PREMIÈRE PARTIE DE L'ÉPREUVE : les questions d'analyse et de compréhension

Voici comment les instructions officielles présentent la première partie de l'épreuve (sur 10 points) :

> « Trois ou quatre questions précises et progressives, liées à ce type de texte et guidant vers sa compréhension globale. Ces questions peuvent par exemple porter sur le sys-

tème énonciatif (pronoms personnels, procédés de modalisation, modes de citation…), l'organisation lexicale, la structure logique et rhétorique, le maniement de l'implicite, les buts et modalités de l'argumentation… Les réponses à ces questions doivent être entièrement rédigées ».

Cette première série de questions soulève deux remarques :

1. Il s'agit toujours de conduire à la *compréhension globale* du texte. Les questions doivent *guider*, quel que soit leur ordre : il faudra donc toujours y répondre en se souciant du rapport qu'elles peuvent avoir avec la signification de l'ensemble du texte, ses étapes, sa stratégie persuasive. Si l'on demande par exemple au candidat d'expliquer avec précision certains termes ou certaines expressions (voire une phrase entière du texte), c'est toujours pour le conduire à élucider l'essentiel de l'argumentation (son contenu aussi bien que son énonciation). Certaines questions, au départ, peuvent avoir un caractère général (par exemple : « Donnez un titre à ce passage » ou « Reformulez en deux ou trois phrases la thèse essentielle du texte ») ; dans ce cas, les questions suivantes ont pour but de vérifier cette première saisie, et de mettre en relief l'organisation du texte, d'analyser ses modalités d'argumentation.

2. Les questions supposent connues et maîtrisées les notions fondamentales sur lesquelles repose l'analyse des textes. Les candidats devront non seulement connaître des notions comme « énonciation », « modalisation », « réseau lexical », « implicite », « figures de rhétorique », mais aussi les utiliser à bon escient. Il s'agit là d'outils indispensables qu'il faudra savoir manier, aussi bien d'ailleurs pour traiter la première partie de l'épreuve que pour approfondir la seconde (voir page 9 ce que signifie la consigne « peser les choix argumentatifs ») : c'est la base même d'une bonne méthode. Aussi commencerons-nous par un rappel détaillé avec de nombreux exemples — des principales notions que doit maîtriser le candidat qui désire aborder avec succès l'étude du texte argumentatif.

DEUXIÈME PARTIE DE L'ÉPREUVE : les travaux d'écriture

Voici maintenant en quoi consiste, selon les instructions, la seconde partie de l'épreuve (elle aussi sur 10 points) :

> « Un travail ou des travaux d'écriture visant, à partir de consignes précises, à évaluer la capacité du candidat d'entrer dans le débat fixé par le ou les textes fournis, d'en peser les choix argumentatifs, de discuter, étayer, reformuler, résumer tout ou partie de l'argumentation ou des argumentations en présence. »

Entrer dans le débat, c'est souvent entrer soi-même dans la discussion, sous une forme ou sous une autre (étayer/réfuter/résumer), mais cela peut être aussi simplement *mesurer l'efficacité* des auteurs dont on observe la stratégie argumentative. Nous ferons, là encore, deux grandes remarques sur les travaux d'écriture qui peuvent être demandés aux candidats.

1. « Discuter, réfuter, étayer, résumer » sont des exercices plus ou moins pratiqués à partir de la classe de Troisième, sous une forme globale (« résumez ce texte en tant de mots », « pensez-vous comme l'auteur que »). Mais ces exercices, au baccalauréat, ont un caractère spécifique :

a) ils peuvent d'abord être partiels, et ils le seront le plus souvent : on pourra résumer tels paragraphes, réfuter l'argument de tel autre, faire la discussion d'une thèse secondaire du texte, etc. On peut espérer qu'au moins deux travaux d'écriture différents soient proposés (l'un de type « reformulation », l'autre de type « discussion » par exemple) ; mais rien n'interdit qu'une question sur dix points concerne uniquement le résumé ou la discussion, ou encore une appréciation des choix argumentatifs du texte proposé.

b) Le verbe « reformuler » élargit la stricte méthode du résumé qui respectait l'énonciation du texte et suivait son déroulement. Il peut agir d'une simple analyse en quelques lignes de la thèse du texte, sans limitation précise du nombre de mots. D'où une plus grande souplesse pour retraduire librement la totalité ou un simple aspect de la pensée d'un auteur.

c) Les verbes « réfuter » et « étayer » doivent être pris dans leur sens strict : si l'on demande de réfuter un argument, il n'y a pas à faire un « pour » qui précéderait le « contre » ; réciproquement, étayer une thèse implique que l'on n'avance que des arguments ou des exemples en sa faveur (quoi qu'on en pense par ailleurs). Seul le verbe *discuter* demande la confrontation de deux thèses. À la limite, le candidat peut être invité à soutenir une thèse qui lui paraît discutable (par exemple, faire l'éloge de la paresse, défendre la peine de mort, etc.). Quoi qu'il en soit, il faudra respecter les consignes données.

2. L'expression « peser les choix argumentatifs » ne devra pas être enfermée dans l'appréciation du seul contenu des arguments et des exemples d'un texte. Un choix argumentatif ne se limite pas en effet aux idées ou aux « raisons » que l'on avance : il porte aussi sur le mode d'énonciation adopté (dire « je » ou s'exprimer de façon impersonnelle par exemple), sur la tonalité employée (pathétique, didactique, ironique), sur les figures de rhétorique mises en œuvre, etc. Aussi ne devra-t-on pas s'étonner de questions qui renvoient à une analyse quasi littéraire, proche de la lecture méthodique, de l'écriture du texte. On demandera par exemple : « Par quels moyens l'auteur tente-t-il d'entraîner l'adhésion du lecteur ? » Étudier les procédés formels utilisés par un écrivain, c'est en effet une façon d'entrer dans le débat, de relativiser ou de valoriser le poids de son argumentation, en montrant ce que son style ou sa conviction apporte (à tort ou à raison) à sa « démonstration ». Sur certains textes, l'étude stylistique ou rhétorique des moyens de persuasion auxquels l'énonciateur recourt pourra être le seul « travail d'écriture » demandé. Il est donc également indispensable, pour les travaux d'écriture, de posséder la maîtrise des outils d'analyse dont nous avons parlé ci-dessus.

La nature de l'épreuve nous conduit à adopter, dans ce Profil, la démarche suivante :

- à titre de chapitre préliminaire, nous faisons l'inventaire de tous **les outils méthodologiques** que doit maîtriser le candidat pour traiter les deux parties de l'épreuve : ces éléments de méthode sont éclairés par de nombreux exemples ;

- dans une première section, nous abordons **la première partie de l'épreuve**, en proposant, sur des textes variés, une série de questions d'analyse et de compréhension. Toutes ces questions donnent lieu à des corrigés ;

- dans une seconde section, nous traitons **la deuxième partie de l'épreuve** en proposant, là encore, des exemples variés de travaux d'écriture, avec corrigés ;

- enfin, pour conclure cet apprentissage, nous donnons **trois sujets d'examen entièrement corrigés**.

MÉTHODE
LES OUTILS D'ANALYSE
INDISPENSABLES

Pour bien étudier un texte argumentatif, il faut avant tout posséder des outils d'analyse. Le candidat doit apprendre prioritairement à reconnaître et à analyser les multiples moyens dont se servent les auteurs pour convaincre, faute de quoi il ne peut réussir dans cette épreuve. Les notions essentielles qu'il doit maîtriser sont regroupées en quatre points que nous développerons dans les pages suivantes :

A. L'ÉNONCIATION
B. L'ORGANISATION LEXICALE
C. LA STRUCTURE DE L'ARGUMENTATION
D. LA RHÉTORIQUE ET LES PROCÉDÉS ORATOIRES

A. L'ÉNONCIATION

I. Énoncé et énonciation

On appelle énonciation la façon dont est produit un énoncé (une parole, un écrit, un texte). Devant un texte argumentatif, s'interroger sur l'énonciation permet de déterminer qui parle, à qui s'adresse le texte, dans quelles circonstances il a été produit... On évitera ainsi les contresens, par exemple celui qui consisterait à attribuer à l'auteur des propos qui ne lui appartiennent pas. Voici une citation :

> On ne peut se mettre dans l'esprit que Dieu, qui est un être très sage, ait mis une âme, surtout une âme bonne, dans un corps tout noir.
>
> Montesquieu, *De l'esprit des lois.*

Cette phrase est énoncée comme une opinion générale et peut donc passer pour une vérité. Telle qu'elle est citée ici, on peut légitimement l'attribuer au philosophe Montesquieu qui en est l'auteur. Replaçons maintenant la phrase dans son véritable contexte et respectons cette fois le mode d'énonciation du texte :

> Si j'avais à soutenir le droit que nous avons eu de rendre les nègres esclaves, voici ce que je dirais : […] On ne peut se mettre dans l'esprit que Dieu, qui est un être très sage…

On découvre ici que celui qui parle est un partisan de l'esclavage qui tente de justifier cette pratique par des arguments à caractère raciste. Les propos émanent d'une opinion personnelle, intéressée à défendre une mauvaise cause. Ils ne sont pas imputables à Montesquieu lui-même, mais au personnage qu'il fait parler. L'étude de l'énonciation se révèle donc être la véritable clef de la compréhension du texte.

● La situation d'énonciation

L'énonciation dépend de la situation de communication dans laquelle l'énoncé est produit. Cette situation met en place :
– un énonciateur, encore appelé locuteur, émetteur plus ou moins présent dans son énoncé ;
– un ou des destinataires de l'énoncé, eux aussi plus ou moins nettement désignés ;
– un moment d'énonciation (« maintenant », le présent, pour celui qui parle) ;
– un lieu d'énonciation (« ici », pour celui qui parle).

Tous ces éléments déterminent la situation d'énonciation. Par exemple, la phrase : « Vous tous qui m'écoutez, soyez attentifs à ce que je vais dire ! » renvoie à une situation d'énonciation clairement identifiable : un orateur s'adresse à des auditeurs dans le cadre d'un discours. En revanche, dans la phrase : « De nos jours, le monde change de plus en plus vite », la situation d'énonciation est moins facile à dégager. Les marques de l'énonciation sont effacées. Tout au plus peut-on dire que « de nos jours » correspond à un présent pour celui qui parle. Mais qui parle ? et quand parle-t-il ? Il faut s'interroger.

• Les modalités d'énonciation

L'énonciation dépend de l'intention que l'énonciateur manifeste dans son énoncé. Il peut vouloir : affirmer ou nier, exprimer une émotion, interroger, donner un ordre. Ces intentions déterminent diverses manières d'énoncer qu'on appelle modalités d'énonciation. Elles correspondent chacune à un type de phrase :
– pour affirmer ou nier : phrase déclarative
(Ex. : *Tu viens./Tu ne viens pas.*)
– pour exprimer une émotion : phrase exclamative
(Ex. : *Ah ! Tu viens !*)
– pour interroger : phrase interrogative
(Ex. : *Est-ce que tu viens ?*)
– pour donner un ordre : phrase impérative (Ex. : *Viens.*)
D'autres éléments constituent les modalités de l'énonciation :
– les modes verbaux (subjonctif, conditionnel) qui expriment le souhait ou l'hypothèse : *Puisse-t-il venir ! Viendrait-il ?*
– Le choix des verbes et le lexique en général : *souhaiter, refuser, douter, regretter qu'il vienne...*

Tout énoncé porte, à des degrés divers, l'empreinte de son énonciation, c'est-à-dire des circonstances dans lesquelles il est produit et de la présence plus ou moins affirmée de celui qui le produit. Seuls les énoncés scientifiques, les proverbes, les maximes, font disparaître le plus possible les marques de l'énonciation. Par exemple :
L'eau bout à 100° ;
Tel père, tel fils ;
À vaincre sans péril, on triomphe sans gloire.

II. Les marques de l'énonciation

L'énonciation s'inscrit dans un énoncé par des marques plus ou moins visibles. Les plus visibles sont les indices grammaticaux comme les pronoms, mais il existe d'autres signes plus discrets qui permettent au locuteur de se situer par rapport à son énoncé.

• Les indices de la personne : les pronoms

1. *Du côté de l'énonciateur (du locuteur, de l'émetteur).*

L'énonciateur ou locuteur inscrit sa présence dans son énoncé par l'intermédiaire des pronoms personnels.

a) Le pronom de la première personne du singulier est le pronom de la présence la plus affirmée :

> Je hais les livres ; ils n'apprennent qu'à parler de ce qu'on ne sait pas.
>
> J.-J. Rousseau, *Émile*, Livre III

Ici, le locuteur assume personnellement la responsabilité de ce qu'il dit à travers l'emploi de la première personne.

b) Le pronom « nous » a deux valeurs :

– soit il désigne plusieurs personnes, parmi lesquelles l'énonciateur lui-même :

> Nous autres, écrivains du XXe siècle, ne serons plus jamais seuls.
>
> Albert Camus, *Discours de Suède*.

– soit il est employé à la place de « je » (= nous de modestie) :

> L'égalité d'instruction que l'on peut espérer d'atteindre, mais qui doit suffire, est celle qui exclut toute dépendance, ou forcée, ou volontaire. Nous montrerons, dans l'état actuel des connaissances humaines, les moyens faciles de parvenir à ce but.
>
> Concorcet, *Esquisse d'un tableau historique des progrès de l'esprit humain.*

c) L'énonciateur peut enfin parler de lui à la 3e personne. C'est le cas lorsqu'on présente son propre ouvrage dans une Préface ou au début d'un essai :

> L'auteur de ce drame sait combien c'est une grande et sérieuse chose que le théâtre. Il sait que le drame, sans sortir des limites impartiales de l'art, a une mission nationale, une mission sociale, une mission humaine.
>
> Victor Hugo, Préface de *Lucrèce Borgia*.

Dans tous ces cas apparaît la personne du locuteur : il manifeste intentionnellement sa présence à travers l'emploi des pronoms.

2. *Du côté du destinataire (du récepteur) :*

Le locuteur peut intégrer de façon plus ou moins nette son destinataire à son énoncé.

a) Les pronoms de la deuxième personne (« tu », « vous » pluriel, « vous » de politesse) désignent celui ou ceux à qui on s'adresse :

> Si parfois vous étiez embarrassé pour savoir jusqu'où il vous est permis d'aller dans votre enseignement moral, voici une règle pratique à laquelle vous pouvez vous tenir.
> Jules Ferry, *Lettre aux instituteurs*, 17 novembre 1883.

Ces pronoms de la deuxième personne sont souvent utilisés dans les lettres, les discours, les textes qui cherchent à convaincre.

b) D'autres procédés peuvent s'ajouter à l'emploi des pronoms pour viser le destinataire : les apostrophes (« Messieurs »), les périphrases (« ceux qui liront cet ouvrage »)... ou bien encore l'emploi de l'impératif de la deuxième personne, fréquent dans les textes didactiques, c'est-à-dire les textes qui visent à enseigner ou à donner des conseils. Exemple :

> De la musique avant toute chose,
> Et pour cela préfère l'Impair
> Paul Verlaine, « Art poétique », *Jadis et Naguère*.

3. *Le cas de « on »*

Les valeurs d'emploi de ce pronom indéfini méritent d'être examinées de près étant donné l'usage fréquent et complexe qui est fait de ce pronom.

a) « On » peut avoir une valeur universelle ; il est l'équivalent de « tous », « tout le monde » : « On a toujours besoin d'un plus petit que soi ».

b) « On » peut désigner un ensemble parmi lequel le locuteur se range lui-même, ainsi que son destinataire : « On ne doit parler, on ne doit écrire que pour l'instruction » ; La Bruyère, Préface des *Caractères*.

c) « On » peut désigner celui ou ceux à qui s'oppose le locuteur. Mais attention ! il peut désigner aussi dans le même texte le locuteur lui-même (ou le groupe avec lequel il se confond). En voici un exemple, avec cet extrait du Prospectus de l'Encyclopédie :

> «On a trop écrit sur les sciences, on n'a pas assez bien écrit sur la plupart des arts libéraux : on n'a presque rien écrit sur les arts mécaniques. (*On = les autres auteurs, critiqués par ceux de l'Encyclopédie*).
> Tout nous déterminait donc à recourir aux ouvriers. On s'est adressé aux plus habiles de Paris et du royaume. On s'est donné la peine d'aller dans leurs ateliers, de les interroger, d'écrire sous leur dictée... (*On = les auteurs de l'Encyclopédie eux-mêmes, c'est-à-dire l'énonciateur*).

L'étude des pronoms ainsi que d'autres indices grammaticaux, comme les adjectifs possessifs par exemple, en révélant qui parle, à qui parle le locuteur et de qui il parle, permet de dégager le système d'énonciation du texte.

● Les indices du jugement : la modalisation

Par le biais de la modalisation, un locuteur peut influer de façon discrète sur l'énonciation. Comparons ces deux versions différentes d'un même jugement :

> 1re – Monsieur Untel chante faux. Il devra changer de métier.
> 2e – Je trouve que Monsieur Untel ne chante pas toujours parfaitement juste. Il pourrait peut-être changer de métier.

Par rapport à la 1re phrase, la 2ᵉ phrase fait apparaître des éléments nouveaux : des verbes (« je trouve », « pouvoir », différent de « devoir »), un mode conditionnel (« pourrait », différent du futur de l'indicatif « devra »), des locutions adverbiales (« ne...pas toujours », « pas toujours parfaitement », « peut-être »). Ces modalisations indiquent d'abord que l'énoncé exprime une opinion personnelle ; elles permettent également d'infléchir la 1re phrase dans le sens d'une atténuation prudente.

Cette marque que le locuteur donne à son énoncé, par l'intermédiaire des verbes et des adverbes, est appelée modalisation.

1. *Les adverbes modalisateurs*

Ce sont par exemple les adverbes qui renforcent un jugement (« bien sûr », « certainement »), qui ont valeur d'intensité (« trop », « si », « jamais », « toujours »), qui atténuent un jugement (« sans doute », « peut-être », « vraisemblablement »). Exemple :

> C'est probablement une exigence de l'esprit humain d'avoir une représentation du monde qui soit unifiée et cohérente.
> François Jacob, *Le jeu des possibles*, Éd. Seuil, 1981.

En intégrant à l'énonciation l'adverbe « probablement », F. Jacob laisse peser un doute sur le bien fondé de cette exigence. Il montrera par la suite que ce besoin de cohérence pousse les hommes à se réfugier dans des systèmes d'explication du monde mythiques ou magiques qu'il dépréciera. Autre exemple :

> Apparemment, l'amour maternel n'est plus l'apanage des femmes. Les nouveaux pères font comme les mères, aiment leurs enfants comme elles. Ce qui semblerait prouver qu'il n'y a pas plus de spécificité de l'amour maternel que de l'amour paternel.
> Élisabeth Badinter, *L'amour en plus*, Flammarion, 1981.

L'adverbe « apparemment », renforcé pa la modalité « semblerait », laisse entendre que les choses ne sont peut-être pas aussi simples et qu'il faut s'interroger sur ces apparences. Les termes modalisateurs permettent à l'énonciateur d'introduire une problématique (en est-il vraiment ainsi ? si cela est, quelles en seront les conséquences ?) et d'annoncer une argumentation.

2. *Le choix des verbes et des modes*

Les verbes auxiliaires comme « vouloir », « pouvoir », « devoir » font apparaître le point de vue de l'énonciateur :

> Les peuples d'Europe, ayant exterminé ceux de l'Amérique, ils ont dû mettre en esclavage ceux de l'Afrique, pour s'en servir à défricher tant de terres.
> Montesquieu, *L'Esprit des lois*, « De l'esclavage des Nègres ».

L'emploi du groupe verbal « Ils ont dû mettre », par rapport au verbe neutre « ils ont mis », fait de l'esclavage une nécessité, une issue inévitable, et permet à l'esclavagiste qui tient ces propos de « justifier » cet usage.

Les modes comme le conditionnel, le subjonctif, l'indicatif, indiquent la façon dont l'énonciateur manifeste sa position par rapport à ce qu'exprime le verbe :

> Nous serions passés d'un ordre agraire stable et paisible à l'actuel désarroi urbain ; nous vivrions désormais dans cette grande cité maudite où les hommes sont coupés de leurs racines pour n'être plus qu'une masse d'anonymes.
> J.–C. Chesnais, *Histoire de la violence*, Hachette.

Par l'emploi du conditionnel, le locuteur présente le point de vue qu'il rapporte comme une hypothèse à laquelle il n'adhère pas lui-même. Si l'on résumait la phrase citée par : « Quittant une société rurale harmonieuse, les hommes sont devenus des citadins perturbés », on commettrait un contresens sur l'idée du texte. Pour être exact, il faudrait commencer par préciser : « Nombreux sont ceux qui croient », « selon une idée répandue », ou « certains prétendent que ». On respecterait ainsi la valeur du conditionnel et le jugement implicite contenu dans l'énonciation.

• Les indices du jugement : les termes appréciatifs ou dépréciatifs

Le jugement du locuteur transparaît enfin dans l'énonciation par l'emploi d'un vocabulaire appréciatif ; celui-ci reflète les goûts, les sentiments, les choix personnels de celui qui parle :

> La folie du moment est d'arriver à l'unité des peuples et de ne faire qu'un seul homme de l'espèce entière.
> Chateaubriand, *Mémoires d'Outre-Tombe*, IVe partie.

Le choix du terme « folie » fait apparaître l'opinion défavorable de Chateaubriand : il juge cette « unité » inaccessible, et l'intérêt qu'elle suscite est, selon lui, déraisonnable.

1. *Le vocabulaire affectif*

Un texte marqué par l'affectif traduit notre subjectivité par l'émotion et les sentiments que nous y manifestons :

> Eh ! que demanderais-je, chère France, avec qui j'ai vécu, que je quitte à si grand regret ! Dans quelle communauté j'ai passé avec toi quarante années (dix siècles) ! (…) Eh ! bien ma grande France, s'il a fallu, pour retrouver ta vie, qu'un homme se donnât, passât et repassât tant de fois le fleuve des morts, il s'en console, te remercie encore. Et son plus grand chagrin, c'est qu'il faut te quitter ici.
>
> Michelet, *Histoire de France*, Préface de 1869.

En s'adressant à la France comme à une femme aimée (« chère France », « ma grande France »), en employant le lexique de l'affectivité (« regret », « passionnées », « console », « chagrin »), ainsi que la modalité exclamative, Michelet, parallèlement à son regard critique d'historien, manifeste sa sensibilité, sa subjectivité.

2. *Les termes évaluatifs*

À travers ces termes, celui qui les emploie porte un jugement de valeur :

> Hélas ! ai-je pensé, malgré ce grand nom d'Hommes,
> Que j'ai honte de nous, débiles que nous sommes !
> Comment on doit quitter la vie et tous ses maux,
> C'est vous qui le savez, sublimes animaux !
>
> Alfred de Vigny, « La mort du loup » (v. 73 à 76), *Les Destinées*.

Les adjectifs « débiles » (= faibles, sans courage) et « sublimes » intensifient l'opposition entre les hommes et les animaux et suffisent à dire où va l'admiration de celui qui parle

3. *Les termes péjoratifs et mélioratifs*

Un terme péjoratif déprécie ce qu'il désigne ; un terme mélioratif valorise ce qu'il désigne. Ils sont donc révélateurs du point de vue de celui qui parle :

> Ce <u>carnage inutile</u> n'a servi qu'à cimenter l'édifice <u>chimérique</u> de la gloire du conquérant et de ses guerriers <u>turbulents</u> ; le bonheur de ses peuples est la première <u>victime</u>

qui est <u>immolée</u> à son <u>caprice</u> ou aux vues <u>intéressées</u> de ses courtisans.

Encyclopédie, Article « Paix » (Article de Damilaville).

Tous les mots que nous avons soulignés expriment la critique. Sans que l'auteur intervienne personnellement pour condamner la guerre, son point de vue négatif s'inscrit dans l'énonciation pour discréditer avec force ces entreprises.

Tous ces exemples nous montrent que les indices de la personne, comme les indices plus discrets du jugement, sont les signes qui permettent de déceler la présence de l'énonciateur dans son énoncé et de lui attribuer sans erreur les points de vue qui orientent cet énoncé. Il arrive cependant que cette attribution soit rendue difficile par la complexité ou les ambiguïtés d'une énonciation « piégée ».

III. Les pièges de l'énonciation

L'énonciation nécessite parfois d'être interprétée en fonction d'autres repères que ses indices apparents. Comparons :

– Les couleurs sont divisées en deux catégories :
les couleurs primaires et les couleurs composées.

– Les hommes sont divisés en deux catégories :
les hommes charmants et les hommes charmeurs.

Le verbe « sont divisés » a une valeur très différente dans ces deux phrases :
– dans le 1er cas, « sont divisées » énonce un fait objectif ;
– dans le 2^{d} cas, « sont divisés » énonce un point de vue subjectif.

Pourtant, l'énonciation est comparable ; la deuxième phrase ne porte pas plus que la première les marques de la présence de l'énonciateur.

On doit donc admettre que, dans certains cas, la nature d'un propos est difficile à déterminer du fait que les pièges et les masques de l'énonciation sont nombreux.

• L'implicite

L'implicite est ce qu'un énoncé suggère en plus de ce qu'il dit explicitement. On doit donc tenir compte de l'implicite pour s'assurer de la compréhension totale d'une thèse défendue ou réfutée.

1. *Les présupposés*

C'est ce qui découle d'un énoncé (de son vocabulaire, de sa syntaxe), sans pourtant y être exprimé directement. Ainsi, pour défendre sa pièce *Britannicus* contre les critiques sévères qui lui sont adressées, Racine argumente :

> Que faudrait-il pour contenter des juges si difficiles ? La chose serait aisée, pour peu qu'on voulût trahir le bon sens. Il ne faudrait que s'écarter du naturel pour se jeter dans l'extraordinaire.
>
> Première Préface de *Britannicus*.

Cette remarque contient deux présupposés : d'une part que Racine, lui, n'est pas tombé dans de semblables erreurs pour plaire à ses juges. D'autre part, que c'est parce que sa pièce respecte le bon sens et le naturel qu'elle a été jugée si sévèrement. Autrement dit, que c'est pour ses qualités qu'elle est critiquée. L'auteur indique donc implicitement, par ces propos, et que les juges ne savent pas juger, et que n'importe quelle invraisemblance, n'importe quelle outrance suffiraient à les séduire. Il détruit ainsi la solidité de leur verdict.

2. *L'idéologie implicite*

C'est une manière de penser qui est présente sans être ouvertement avouée. Elle est l'arrière plan que l'on doit prendre en considération pour expliciter un point de vue. À partir de là, on pourra le récuser ou y souscrire :

> Pendant cet âge [l'enfance] où l'on est applaudi et où l'on n'a point encore éprouvé la contradiction, on conçoit des espérances chimériques, qui préparent des mécomptes infinis pour toute la vie. J'ai vu des enfants qui croyaient qu'on parlait d'eux toutes les fois qu'on parlait en secret, parce qu'ils avaient remarqué qu'on l'avait fait souvent. Ils s'imaginaient n'avoir en eux rien que d'extraordinaire et d'admirable. Il faut donc prendre soin des enfants sans leur laisser croire qu'on pense beaucoup à eux.
>
> Fénelon, *De l'éducation des filles*, Chapitre III.

Ces conseils donnés par un éducateur du XVIIe siècle contiennent implicitement l'idée qu'un enfant doit être modeste et réservé et surtout « rester à sa place ». L'implicite qui se dégage du texte est une morale de l'humilité qui sous tend les principes éducatifs de l'auteur.

• L'ironie

Dans une argumentation, l'ironie est parfois utilisée comme procédé rhétorique (voir p. 54) pour entraîner la complicité du lecteur. Mais elle n'est efficace qu'à condition d'être décelée et identifiée comme telle. Or, par définition, l'ironie est trompeuse puisqu'elle consiste à faire comprendre le contraire de ce que l'on dit. On peut donc facilement commettre un contresens sur un énoncé ironique : comment faut-il prendre le propos, à qui l'attribuer, quelle valeur lui donner, les repères énonciatifs étant le plus souvent absents ou brouillés ? Certains indices servent cependant à déceler l'ironie.

1. *La discordance*

Il arrive qu'un mot paraisse en contradiction avec l'ensemble : cela nous permet de deviner que l'auteur du propos se moque. Par exemple, Alfred de Vigny peint « l'homme de lettres » ainsi :

> L'homme habile aux choses de la vie, et toujours apprécié, se voit, parmi nous, à chaque pas. Il est convenable à tout et convenable en tout. Il a une souplesse et une facilité qui tiennent du prodige. Il fait justement ce qu'il a résolu de faire, et dit proprement et nettement ce qu'il veut dire. Rien n'empêche que sa vie soit prudente et compassée comme ses travaux.
>
> Vigny, « Dernière nuit de travail », Préface de *Chatterton*.

Dans ce portrait, apparemment élogieux, se glisse le mot « compassé » (= guindé, sans naturel). Il introduit un décalage qui rend ironique l'image flatteuse qui avait été donnée.

2. *L'exagération et l'antiphrase (voir pp. 45-47)*

> Le général Pinochet est un précurseur méconnu. Transformer les stades en camp de concentration, voire d'extermination, était apparu d'abord comme une pro-

vocation sinistre, une dérision paradoxale. Erreur : cela n'était qu'une anticipation. Pinochet, comme son voisin argentin Videla, avait compris la vraie nature du football. La tuerie du Heysel n'est pas un accident isolé, la suite l'a montré. Le football britannique s'efforce, week-end après week-end, de rééditer un exploit aussi mémorable.

Jacques Julliard, *Le Nouvel Observateur*, 24-30 juin 1988

Les exagérations (les dictateurs Pinochet et Videla devenus précurseurs du football moderne ; les rencontres sportives associées aux camps de concentration), l'antiphrase (la tuerie du stade du Heysel présentée comme un « exploit ») permettent de soupçonner que l'enthousiasme de l'auteur est feint et qu'il cherche à provoquer l'indignation bien plus que l'admiration.

● **Les paroles rapportées**

Identifier celui qui parle, évaluer sans erreur la situation qu'il occupe dans son propre énoncé et son attitude à l'égard de ce qu'il dit, est, on l'a vu, la démarche essentielle pour comprendre un texte argumentatif. Mais cette recherche peut devenir plus difficile lorsque l'énoncé intègre des paroles rapportées.

1. *Les citations*

La citation est un propos dit ou écrit par quelqu'un d'autre que soi et que l'on rapporte pour l'utiliser à l'appui de son propre raisonnement. La citation est en général mise entre guillemets et parfois signalée par une proposition incise : Selon l'expression d'André Malraux : «......» ; comme l'a écrit Sartre : «...... ». Mais elle peut être incomplète ou allusive, mise en évidence par de simples italiques, sans référence aucune, et donc plus difficile à discerner, comme dans cet exemple :

> Ce pauvre Figaro, *fessé* par la cabale *en faux-bourdon* et presque enterré le vendredi, ne fit point comme Candide ; il prit courage, et mon héros se releva le dimanche avec une vigueur que l'austérité d'un carême entier, et la fatigue de dix-sept séances publiques n'ont pas encore altérée.
>
> Beaumarchais, *Lettre sur la critique du Barbier de Séville.*

Les expressions citées en italiques par l'auteur sont extraites du chapitre 6 du conte de Voltaire *Candide*, où l'on voit le héros « épouvanté » subir les violences de l'Inquisition. En empruntant à cette scène, Beaumarchais dénonce finement le « fanatisme » de ses juges et ajoute la référence de l'ironie voltairienne à ses propres paroles.

La citation peut enfin utiliser les guillemets pour mettre à distance des mots ou des expressions dont on critique l'emploi :

> « Nous en a-t-on assez parlé du "personnage" ! Et ça ne semble, hélas, pas près de finir. Cinquante années de maladie, le constat de son décès enregistré à maintes reprises par les plus sérieux essayistes, rien n'a encore réussi à le faire tomber du piédestal où l'avait placé le XIXe siècle. C'est une momie à présent, mais qui trône toujours avec la même majesté – quoique postiche – au milieu des valeurs que révère la critique traditionnelle. C'est même là qu'elle reconnaît le "vrai" romancier : "Il crée des personnages" ».
>
> Alain Robbe-Grillet, *Pour un nouveau roman*. Éd. de Minuit, 1963.

Ici, tous les mots ou expressions cités entre guillemets sont désavoués par l'auteur. Pour ne pas se tromper, il est important d'évaluer le degré d'adhésion que le locuteur apporte à ce qu'il cite.

2. *Les discours directs et indirects*

– Le discours direct rapporte les paroles telles qu'elles ont été prononcées. Celles-ci sont placées entre guillemets ou précédées d'un tiret.

– Le discours indirect rapporte les paroles à l'aide d'un verbe introducteur suivi d'une subordination. Par exemple (nous soulignons ces verbes) :

> <u>Je demande</u> quel profit les mœurs peuvent tirer de tout cela [le théâtre]. On me <u>dira que</u> dans ces pièces, le crime est toujours puni, et la vertu récompensée. <u>Je réponds que</u>, quand cela serait, la plupart des actions tragiques, n'étant que de pures fables, des événements qu'on sait être de l'invention du poète, ne font pas une grande impression sur les spectateurs ; à force de leur montrer qu'on veut les instruire, on ne les instruit plus.
>
> J.–J. Rousseau, *Lettre à d'Alembert sur les spectacles*.

Une étude attentive du système énonciatif doit permettre d'identifier précisément les interlocuteurs, afin de préciser quelle est la position de chacun d'eux.

3. *L'effacement des repères : le discours indirect libre*

Le discours indirect libre ne signale pas de façon facilement repérable les paroles qu'il rapporte. Il s'apparente au discours direct (pas de subordination ni de verbe introducteur) et au discours indirect (pas de guillemets). Cette absence de repères exige que l'on soit d'autant plus attentif à déterminer qui parle. Molière évoque ainsi les dévots hypocrites qui ont fait interdire sa pièce *Tartuffe* :

> Suivant leur louable coutume, ils ont couvert leurs intérêts de la cause de Dieu ; et le Tartuffe, dans leur bouche, est une pièce qui offense la piété. Elle est, d'un bout à l'autre, pleine d'abominations, et l'on n'y trouve rien qui ne mérite le feu. Toutes les syllabes en sont impies ; les gestes même y sont criminels ; et le moindre coup d'œil, le moindre branlement de tête, le moindre pas à droite ou à gauche, y cache des mystères qu'ils trouvent moyen d'expliquer à mon désavantage.
>
> Molière, Préface de *Tartuffe*.

L'énumération des « abominations » de la pièce doit bien sûr être attribuée aux censeurs de *Tartuffe*. Ce sont eux, et non Molière, qui jugent ainsi cette comédie. Néanmoins, les seuls indices dont dispose le lecteur pour le déterminer sont minces ; c'est, au début, « dans leur bouche » et, à la fin, « qu'ils trouvent moyen d'expliquer à mon désavantage ». Les deux énonciations (Molière attaquant les dévots ; les dévots attaquant *Tartuffe*) sont étroitement mêlées grâce à l'emploi du discours indirect libre.

B. L'ORGANISATION LEXICALE

Les questions posées sur un texte argumentatif peuvent porter sur le lexique, c'est-à-dire le vocabulaire, mais toujours en liaison étroite avec l'analyse de l'argumentation. Ainsi pourra-t-on demander au candidat d'expliquer certains rmes, jalons importants de la démarche argumentative, et de justifier leur emploi, dans la perspective de la défense ou de la réfutation d'une thèse. On pourra aussi inviter à identifier réseaux et champs lexicaux présents dans le texte, afin d'analyser les aspects et la progression de l'argumentation.

I. Étudier le sens d'un mot ou d'une expression

L'étude du sens des mots ne peut concerner que des termes fondamentaux pour l'argumentation. Cependant, l'interprétation recélant un certain nombre de difficultés, il convient d'être vigilant. Plusieurs aspects sont à considérer :

● La polysémie

La plupart des termes sont polysémiques, c'est-à-dire qu'ils possèdent plusieurs sens ; la référence au contexte doit permettre de choisir le plus pertinent. Par exemple, le mot « art » peut désigner :
– un ensemble de moyens mis au service d'un but spécifique :

> L'art de juger et l'art de raisonner sont exactement les mêmes.
>
> Rousseau, *Émile ou de l'éducation* III ;

– l'antithèse de ce qui est naturel, une recherche d'artifice :

> Le mal se fait sans effort, « naturellement », par fatalité ; le bien est toujours le produit d'un art.
>
> Baudelaire, *Le peintre de la vie moderne;*

– l'habileté dans les moyens utilisés pour parvenir à un résultat :

> Il ne faut ni art ni science pour exercer la tyrannie.
>
> La Bruyère, *Les Caractères* ;

– l'expression, par l'homme, d'un idéal esthétique :

> La mission de l'art n'est pas de copier la nature, mais de l'exprimer.
>
> Balzac, *Œuvres.*

Il importe donc de ne pas interpréter trop rapidement, et de prendre en compte le contexte.

● Le sens étymologique

Un mot peut être employé dans son sens étymologique : par exemple, le mot « fortune », qui vient du latin « fortuna », désignant la divinité qui présidait aux hasards de la vie, a gardé un sens voisin jusqu'au XVIIIe siècle. Lorsque Montesquieu dit : « Ce n'est pas la fortune qui domine le monde » (*Considérations sur les causes de la grandeur des Romains et de leur décadence*), il désigne, par le terme « fortune », le hasard susceptible d'apporter le malheur aussi bien que le bonheur.

● Le sens historique

De nombreux termes ont vu leur sens évoluer au cours des siècles. Par exemple, le mot « comédie » :
– lorsque Madame de Sévigné apprend à sa fille, dans une lettre de 1672, que « Racine a fait une comédie qui s'appelle *Bajazet* », elle utilise le terme pour désigner toute pièce de théâtre ;
– par contre, lorsque Hugo déclare dans la préface de *Ruy Blas* (1838) que « le drame tient de la tragédie par la peinture des passions, et de la comédie par la peinture des caractères », il désigne le genre théâtral spécifique, à vocation de divertissement. Il faut donc tenir le plus grand compte de l'époque à laquelle le texte a été écrit.

● Le sens figuré

Certains termes ou expressions sont employés au sens figuré, et non pas au sens propre. Prenons l'exemple du mot « sauvage ». Montaigne, dans l'essai qu'il consacre aux Cannibales (*Essais* I, 31) emploie le terme « sauvage », au sens propre et au sens figuré :

> Je trouve qu'il n'y a rien de barbare et de sauvage en cette nation [...] Ils sont sauvages, de même que nous appelons sauvages les fruits que nature, de soi et de son progrès ordinaire, a produits.

Le sens propre de « sauvage », appliqué aux « fruits », vient de l'étymologie latine « silvaticus », signifiant : relatif à la forêt, sans intervention humaine. Le sens figuré, très marqué idéologiquement, est devenu dépréciatif, et s'applique à des individus d'une nature fruste, primitive, qu'on oppose aux « civilisés » européens. Montaigne admet donc qu'on puisse utiliser cette épithète dans son sens propre, mais, pour assurer la défense de ces peuples, il conteste l'emploi péjoratif du sens figuré.

● L'écrit et l'oral

Un mot peut posséder une signification différente à l'écrit et à l'oral : c'est le cas de l'adjectif « fantastique ». Alors qu'il signifie actuellement, dans la langue parlée familière, « extraordinaire, sensationnel », il n'a jamais ce sens dans un texte d'idées. Conformément à son étymologie (*phantastikos* désigne ce qui est créé par l'imagination), ce terme s'applique à ce qui paraît surnaturel, inexplicable, et qualifie un genre artistique spécifique (en littérature, comme au cinéma ou en peinture) :

> Dans les tableaux fantastiques de Brueghel le Drôle, se montre toute la puissance de l'imagination.
>
> Baudelaire, *Curiosités esthétiques*.

L'interprétation correcte du vocabulaire exige donc une lecture attentive du texte et du contexte.

II. Justifier l'emploi de certains mots ou expressions

Dans un texte argumentatif, l'auteur choisit soigneusement les termes qu'il emploie, afin de mieux convaincre son lecteur. Le candidat peut donc être invité à réfléchir sur ce choix, et à le justifier, de façon à mettre en évidence la valorisation ou la dépréciation d'une thèse.

● Des termes à valeur expressive

Baudelaire, pour faire comprendre le recours à des « paradis artificiels », déclare, dans « Du Vin et du Haschich » :

> Le goût frénétique de l'homme pour toutes les substances saines ou dangereuses qui exaltent sa personnalité, témoigne de sa grandeur. Il aspire toujours à réchauffer ses espérances et à s'élever vers l'infini.

L'auteur a ici accumulé des termes à forte valeur expressive (*frénétique, exaltent, grandeur, aspire, s'élever, infini*) pour défendre ce désir violent, presque fou, d'échapper au « spleen » et d'accéder à l'idéal, par n'importe quels moyens.

• L'emploi des connotations

Des termes peuvent avoir été choisis pour leur caractère valorisant ou dépréciatif : tout terme possède un « sens dénoté », sens donné dans le dictionnaire, et un « sens connoté », constitué de toutes les associations positives ou négatives que son emploi fait naître chez les individus, à une époque donnée. Un auteur peut donc utiliser la dénotation et les connotations pour séduire et emporter la conviction. Par exemple, lorsque Baudelaire veut défendre le Romantisme, dans son *Salon de 1846*, II, il le caractérise ainsi :

> Qui dit romantisme dit art moderne – c'est-à-dire intimité, spiritualité, couleur, aspiration vers l'infini, exprimés par tous les moyens que soutiennent les arts.

Les substantifs abstraits choisis ont une connotation positive. En même temps, la qualification d'« art moderne » renvoie implicitement (et de façon partielle) à la querelle qui a opposé les romantiques aux partisans d'un art plus classique, sans audace, et souvent académique.

Par contre, Maupassant, dans la préface de *Pierre et Jean* (1887) pour déprécier le romancier « idéaliste », déclare :

> Le romancier qui transforme la vérité constante, brutale et déplaisante, pour en tirer une aventure exceptionnelle et séduisante doit, sans souci exagéré de la vraisemblance, manipuler les événements à son gré, les préparer et les arranger pour plaire au lecteur [...] le plan de son roman n'est qu'une série de combinaisons ingénieuses conduisant avec adresse au dénouement.

Les termes « en tirer », « manipuler », « préparer », « arranger », « combinaisons », ainsi accumulés, ont une connotation négative. Ils donnent l'image d'un écrivain inauthentique, manipulant le lecteur à son insu, et donc plus soucieux de la conduite de l'intrigue, que du contenu profond de l'œuvre.

• Des termes à valeur imagée

Le texte argumentatif utilise la fonction poétique du langage : les auteurs recourent volontiers à la métaphore, pour donner davantage de richesse à leur discours, et rendre immédiatement sensibles certaines idées.

La métaphore peut servir à déprécier une thèse adverse :

> La guerre est un fruit de la dépravation des hommes ; c'est une maladie convulsive et violente du corps politique ; il n'est en santé, c'est-à-dire dans son état naturel, que lorsqu'il jouit de la *paix*.
>
> D. Diderot : *Encyclopédie*, article «Paix».

Afin de faire réfléchir le lecteur sur la position des partisans de la guerre, Diderot utilise la métaphore de la maladie, qu'il « file ». La guerre apparaît ainsi comme une perturbation d'un équilibre, qu'il faut combattre comme un trouble physiologique.

Mais la métaphore peut aussi servir à valoriser ce à quoi l'auteur est attaché ou ce qu'il veut défendre. Voici comment Musset évoque, dans *Impromptu* (1839) la mission du poète :

> Faire une perle d'une larme
> Du poète ici-bas, voilà la passion.
> Voilà son bien, sa vie et son ambition.

La métaphore de la création poétique, permet de sentir immédiatement le rôle du poète : tel un alchimiste, il est capable de transformer un élément prosaïque – la larme –, en objet précieux – la perle –.

L'analyse du lexique débouche ici sur l'étude des figures de style que nous présentons plus loin dans la partie consacrée à la rhétorique (p. 41).

III. Réseaux et champs lexicaux

La lecture attentive d'un texte argumentatif permet de découvrir que l'auteur reprend certains mots – littéralement ou grâce à des substituts – : constituant ainsi un « réseau lexical ». Lorsque l'auteur rassemble un certain nombre de termes appartenant au même domaine, ce regroupement forme ce que l'on appelle un « champ lexical ».

Le lexique étant porteur des idées, donc des thèses soutenues ou réfutées, il est indispensable de s'exercer à identifier ces réseaux ou champs lexicaux. Il faut analyser la relation de complémentarité ou d'opposition qu'ils entretiennent, observer leur répartition et leur enchaînement, afin de dégager la progression de l'argumentation

● **Repérer un réseau lexical**

Un texte argumentatif est généralement construit autour d'un « mot-thème », formant son sujet, et souvent utilisé à plusieurs reprises. Cependant, si le mot peut être répété tel quel, il peut aussi avoir des substituts : synonymes, périphrases, comparaisons, métaphores.

1. *La répétition simple :*

> La composition poétique résulte de deux phénomènes intellectuels : la méditation et l'inspiration. La méditation est une faculté ; l'inspiration est un don. Tous les hommes, jusqu'à un certain degré, peuvent méditer : bien peu sont inspirés […] Dans la méditation, l'esprit agit ; dans l'inspiration, il obéit ; parce que la première est en l'homme, tandis que la seconde vient de plus haut.
>
> V. Hugo, Article sur *Eloa* dans *La Muse Française*.

Victor Hugo compare, ici, deux processus intellectuels. La répétition des termes « méditation » et « inspiration », alliée à des parallélismes syntaxiques, apporte rythme et rigueur à la comparaison, de façon à faire surgir, peu à peu, la supériorité de l'inspiration.

2. *La périphrase :*

> Ni en Angleterre, ni en aucun pays au monde, on ne trouve des établissements en faveur des Beaux-Arts comme en France. Il y a presque partout des universités ; mais c'est en France seule qu'on trouve ces utiles encouragements pour l'astronomie, pour toutes les parties des mathéma-

> tiques, pour celle de la médecine, pour les recherches de l'antiquité, pour la peinture, la sculpture et l'architecture.
>
> Voltaire, *Lettres Philosophiques*.

Voltaire, ayant utilisé une première périphrase désignant toutes sortes d'institutions favorables aux Beaux-Arts (lesquels incluent les sciences), la reprend par une seconde qui insiste sur leur aspect utile et motivant. Par ailleurs, l'expression « Beaux-Arts », se trouve précisée par l'énumération ultérieure, qui forme un champ lexical.

3. *La comparaison :*

> Ce qu'on appelle union, dans un corps politique, est une chose très équivoque ; la vraie est une union d'harmonie, qui fait que toutes les parties, quelque opposées qu'elles nous paraissent, concourent au bien général de la société, comme des dissonances dans la musique concourent à l'accord total.
>
> Montesquieu, *Considérations sur les causes de la grandeur des Romains et de leur décadence.*

Le mot « union », d'abord répété, est ensuite repris par un synonyme musical, « accord », dans le cadre d'une comparaison entre la société et une pièce de musique, ce domaine étant plus familier aux lecteurs.

3. *La reprise par métaphore :*

> Un despote, fût-il le meilleur des hommes, en gouvernant selon son bon plaisir, commet un forfait. C'est un bon pâtre qui réduit ses sujets à la condition des animaux.
>
> Diderot, *Entretiens*, chapitre IV.

La métaphore du bon pâtre permet de rappeler ironiquement, non seulement le sujet « un despote », mais aussi sa qualification « le meilleur des hommes ».

Le mot-thème peut donc être repris de diverses manières. Mais il est souvent renforcé par des termes renvoyant à un même domaine, constituant ainsi un « champ lexical ».

• Repérer un champ lexical

L'extrait de Montesquieu cité ci-dessus permet d'observer la constitution d'un champ lexical de la musique. Plusieurs termes appartiennent à ce domaine : « harmonie », « parties », « dissonances », « musique », « accord ». Voici un autre exemple :

> L'astronomie est née de la superstition ; l'éloquence, de l'ambition, de la haine, de la flatterie, du mensonge ; la géométrie de l'avarice ; la physique, d'une vaine curiosité ; toutes, et la morale même, de l'orgueil humain. Les sciences et les arts doivent leur naissance à nos vices.
>
> J.-J. Rousseau, *Discours sur les Sciences et les Arts.*

Deux champs lexicaux sont ici repérables : celui des sciences et arts (« astronomie », « éloquence », « géométrie », « physique ») et celui des vices (« superstition », « ambition », « haine », « flatterie », « mensonge », « avarice », « curiosité », « orgueil »). Ils sont clairement exprimés par la dernière phrase.

Considérons ce troisième exemple :

> La musique des vers de Victor Hugo s'adapte aux profondes harmonies de la nature ; sculpteur, il découpe dans ses strophes la forme inoubliable des choses ; peintre, il les illumine de leur couleur propre. Et comme si elles venaient directement de la nature, les trois impressions pénètrent simultanément le cerveau du lecteur.
>
> C. Baudelaire, *L'Art Romantique* XII.

Le champ lexical est ici celui de la création artistique. Les qualificatifs artistiques prêtés à Hugo nous donnent l'image d'un artiste total. Les champs lexicaux repérés, l'étude peut maintenant porter sur la relation qu'ils entretiennent à l'intérieur du texte.

● **L'étude des relations entre les champs lexicaux**

Suivant l'objectif de l'argumentation, les champs lexicaux d'un texte peuvent être complémentaires ou opposés.

1. *Champs lexicaux complémentaires :*

> Accoutumés dès l'enfance à la fatigue, et forcés de défendre nus et sans armes leur vie et leur proie contre les autres bêtes féroces, ou de leur échapper à la course, les hommes se forment un tempérament robuste et presque inaltérable. Les enfants, apportant au monde l'excellente constitution de leurs pères, et la fortifiant par les mêmes

> exercices qui l'ont produite, acquièrent ainsi toute la vigueur dont l'espèce humaine est capable.
>
> J.–J. Rousseau, *Discours sur l'origine de l'inégalité*, Ire partie.

Ce texte se compose d'un champ lexical de l'apprentissage par l'épreuve, et d'un champ lexical de la bonne santé. Ils sont complémentaires, puisque, selon Rousseau, c'est l'exercice, auquel les premiers hommes sont contraints pour survivre, qui développe leurs capacités physiques. Le but de Rousseau est de faire l'apologie de l'homme proche de « l'état de nature », et fortifié par sa seule expérience.

2. *Champs lexicaux antithétiques :*

> Pour moi, quand je regarde Paris ou Londres, je ne vois aucune raison pour entrer dans ce désespoir dont parle M. Pascal ; je vois une ville qui ne ressemble en rien à une île déserte, mais peuplée, opulente, policée et où les hommes sont heureux autant que la nature humaine le comporte.
>
> Voltaire, *Lettres Philosophiques XXV*.

Dans ce commentaire des *Pensées* de Pascal, Voltaire utilise deux champs lexicaux opposés . celui de la solitude, du malheur, et celui de l'aisance, du bonheur. Le premier correspond à la vision pascalienne, repoussée par Voltaire, alors que le second illustre sa propre perception des grandes villes, qu'il considère comme des symboles du progrès matériel et humain.

On voit que l'étude du lexique, de l'organisation lexicale et des champs lexicaux est un préalable indispensable à l'analyse de l'argumentation et de sa structure.

C. LA STRUCTURE DE L'ARGUMENTATION

L'objectif principal d'une argumentation est de convaincre par le développement raisonné d'une idée directrice, la *thèse*. Celle-ci est soutenue par des *arguments* et illustrée par des *exemples* dans le cadre d'une démonstration fondée, le plus souvent, sur un raisonnement logique. Les étapes de ce raisonnement sont articulées entre elles : ces relations entre les idées peuvent rester implicites ou peuvent être explicitées par des outils grammaticaux appelés *connecteurs* ou articu-

lations logiques. L'étude d'une argumentation consiste donc à repérer et analyser :
– la thèse du locuteur, les arguments et les exemples qu'il présente ;
– le raisonnement suivi (ou parcours démonstratif) ;
– les relations et les connecteurs logiques qui structurent ce raisonnement.

I. Thèse, arguments, exemples

● Thèse et arguments

Dans un texte argumentatif, on doit distinguer l'idée directrice appelée « thèse » et les arguments, c'est-à-dire les preuves avancées par le locuteur pour justifier son jugement. Observons l'extrait suivant :

> La Télévision, ce chef-d'œuvre du progrès, est un principe de régression vers le bas, vers l'archaïsme ; elle simplifie et durcit jusqu'à la caricature les pires traits de ce que Montesquieu nommait « l'esprit général » d'un peuple, elle l'attache à ces masques qu'elle colle à son visage. Chaque pays d'Europe est ainsi contracté et réduit à un petit nombre de personnages-modèles qui ressortissent à son folklore le plus dégradé.
>
> Marc Fumaroli, *L'État culturel*, Éd. de Fallois, 1991.

La 1re partie de la première phrase (« La Télévision... archaïsme ») énonce la thèse. La 2e partie de cette première phrase (« elle simplifie... colle à son visage ») est un argument qui soutient et précise le jugement du locuteur.

Bien souvent, l'affirmation d'une thèse a comme corollaire (ou comme préliminaire) la réfutation d'une thèse opposée. On distinguera donc soigneusement la thèse du locuteur et celle qu'il réfute.

Dans cet extrait consacré à la Télévision, l'expression « ce chef-d'œuvre du progrès » est une allusion ironique à l'opinion de ceux qui voient dans la télévision un facteur d'enrichissement intellectuel, ce que réfute le locuteur qui y voit, au contraire, « un principe de régression vers le bas ». Dans le texte suivant, on peut opérer la même distinction entre la thèse du locuteur et celle qu'il conteste :

> Nombreux sont ceux pour qui l'art n'est qu'un jeu, supérieur, certes, mais un jeu, un amusement ; nombreux sont ceux qui ne le révèrent que par conformisme et avec un secret mépris pour son « inutilité ». Certains ne sont pas loin de le considérer comme un luxe.
> Pourtant l'art est une fonction essentielle de l'homme, indispensable à l'individu comme aux sociétés et qui s'est imposé à eux comme un besoin dès les origines préhistoriques.
>
> René Huyghe, *Sens et destin de l'art*, Éd. Flammarion, 1967.

Le 1er paragraphe présente une première définition de l'art (« l'art n'est qu'un jeu ») que récuse l'auteur dont la thèse n'apparaît que dans le second paragraphe.

● Arguments et exemples

Dans un paragraphe argumentatif, argument(s) et exemple(s) sont le plus souvent associés intimement. On distingue :

– **l'exemple illustratif** qui suit l'énoncé de l'argument en l'éclairant, le précisant, le concrétisant ;

– **l'exemple argumentatif** qui présente un cas concret, une situation particulière mais représentative d'un ensemble, ce qui permet de tirer un enseignement général, un argument.

Dans l'extrait consacré à la Télévision (p. 35), la deuxième phrase présente un exemple illustratif, celui des « personnages-modèles » des pays d'Europe, signes de la caricature imposée par la télévision. Observons maintenant l'extrait suivant, écrit en 1955 :

> Aujourd'hui où les îles polynésiennes noyées de béton sont transformées en porte-avion pesamment ancrés au fond des mers du Sud, où l'Asie tout entière prend le visage d'une zone maladive, où les bidonvilles rongent l'Afrique, où l'aviation commerciale et militaire flétrit la candeur de la forêt américaine et mélanésienne avant même d'en pouvoir détruire la virginité, comment la prétendue évasion du voyage pourrait-elle réussir autre chose que nous confronter aux formes les plus malheureuses de notre existence historique ?
>
> Claude Lévi-Strauss, *Tristes tropiques*, Éd. Plon, 1955.

Les exemples présentés dans ce paragraphe ont un caractère argumentatif : ils sont suffisamment représentatifs des « formes les plus malheureuses de notre existence historique » pour donner lieu à la généralisation qui clôt la phrase.

Pour illustrer et renforcer son idée, le locuteur peut recourir à un exemple personnel, une anecdote, une comparaison (voir la partie Rhétorique p. 41), une statistique, un exemple historique ou littéraire, une citation.

> Les enfants, on le sait, manifestent une agressivité spontanée devant un vêtement inhabituel, une coupe de cheveux insolite. Je garde au front une cicatrice définitive en souvenir d'un chapeau ridicule, don funeste d'un oncle sans goût, qui m'a valu, sous prétexte de jeu, d'être jeté à terre avec violence. Le turban et la houppelande de Jean-Jacques Rousseau provoquaient la haine des villageois plus sûrement que ses idées sur Dieu et la société, contrairement à ce que croyait le naïf et orgueilleux philosophe. Le « Comment peut-on être persan ? » de Montesquieu n'exprime pas seulement l'étonnement, mais aussi la méfiance et l'inquiétude.
>
> Albert Memmi, *Portrait d'un Juif*, Éd. Gallimard, 1962.

Dans cet extrait, pour illustrer l'idée de l'agressivité spontanée manifestée à l'égard des différences extérieures, A. Memmi présente en premier lieu un exemple personnel puis l'exemple d'un écrivain, Jean-Jacques Rousseau et enfin un exemple littéraire accompagné d'une citation qui fait référence aux *Lettres persanes* de Montesquieu.

II. Les types de raisonnement

Un parcours démonstratif peut s'appuyer sur différents types de raisonnement :

1. le raisonnement inductif part de faits particuliers, d'observations, pour aboutir à une conclusion de portée générale. Le texte de C. Lévi-Strauss (p. 36) offre un bon exemple de raisonnement inductif ;

2. le raisonnement déductif part d'une hypothèse ou d'une idée générale pour déduire une proposition particulière. Voici un texte de Pascal :

> Car enfin qu'est-ce que l'homme dans la nature? Un néant à l'égard de l'infini, un tout à l'égard du néant, un milieu entre rien et tout. Infiniment éloigné de comprendre les extrêmes, la fin des choses et leur principe sont pour lui invinciblement cachés dans un secret impénétrable, également incapable de voir le néant d'où il est tiré, et l'infini où il est englouti.
>
> Que fera-t-il donc sinon d'apercevoir quelque apparence du milieu des choses, dans un désespoir éternel de connaître ni leur principe ni leur fin? Toutes choses sont sorties du néant et portées jusqu'à l'infini. Qui suivra ces étonnantes démarches? L'auteur de ces merveilles le comprend. Tout autre ne le peut faire.
>
> Blaise Pascal, *Pensées* «Disproportion de l'homme».

De la situation intermédiaire et instable de l'homme, être fini flottant entre deux infinis, entre le néant et le tout, Pascal déduit son incapacité à connaître les principes et les fins de l'univers.

Le syllogisme est un raisonnement déductif qui tire une conclusion de deux propositions (ou prémisses) présentées comme vraies. Par exemple : les hommes sont mortels, or Socrate est un homme, donc Socrate est mortel.

3. Le raisonnement concessif : le locuteur semble admettre un fait ou un argument qui s'oppose à sa thèse mais maintient finalement son point de vue. Exemple :

> Le jeu n'est pas seulement distraction individuelle. Peut-être même l'est-il beaucoup plus rarement qu'on ne pense (= *thèse du locuteur*). Certes, il existe nombre de jeux, notamment des jeux d'adresse, où se manifeste une habileté toute personnelle et où il ne saurait surprendre qu'on jouât seul (= *concession*). Mais les jeux d'adresse apparaissent vite comme des jeux de compétition dans l'adresse (= *réaffirmation de la thèse initiale*).
>
> Roger Caillois, *Les jeux et les hommes*,
Éd. Gallimard, 1978.

4. Le raisonnement critique : le locuteur critique ou réfute la thèse opposée à la sienne. C'est le raisonnement adopté dans l'extrait de M. Fumaroli (p. 35) et dans celui de R. Huyghe (p. 36).

5. Le raisonnement par l'absurde imagine les conséquences absurdes d'une proposition pour la réfuter. Par exemple :

> Quelques mauvais plaisants ont abusé de leur esprit jusqu'au point de hasarder le paradoxe étonnant que l'homme est ordinairement fait pour vivre seul comme un loup-cervier, et que c'est la société qui a dépravé la nature. (= *début du raisonnement par l'absurde*). Autant voudrait dire que, dans la mer, les harengs sont originairement faits pour nager isolés et que c'est par un effet de corruption qu'ils passent en troupe de la mer Glaciale sur nos côtes.
> Voltaire, article «Homme» du *Dictionnaire philosophique*.

III. Relations et connecteurs logiques

Les relations logiques entre les différentes idées formant un raisonnement sont parfois implicites. On peut cependant les déceler à travers certains indices :

1. La ponctuation : les deux points peuvent introduire un exemple, les parenthèses intégrer un détail supplémentaire, le point d'interrogation annoncer une explication. Ainsi, dans le texte de Pascal (p. 38), l'interrogation « Qu'est-ce qu'un homme dans la nature ? » annonce une définition.

2. La juxtaposition de deux arguments qui forment une suite logique. Dans l'extrait de Pascal (p. 38), une relation d'opposition apparaît implicitement dans la juxtaposition des deux dernières phrases entre Dieu (« L'auteur de ces merveilles ») et les hommes (« Tout autre »).

3. La composition *du texte en paragraphes*. Dans l'extrait de R. Huyghe (p. 36), l'opposition entre la thèse du locuteur et celle qu'il réfute est renforcée par le changement de paragraphe.

4. Les indices temporels : l'opposition ou la continuité entre deux périodes peut être traduite uniquement par les temps verbaux et les adverbes de temps. Par exemple :

> Autrefois (= *adverbe de temps*), lorsque l'on voyageait, on allait vers l'inconnu, ou tout au moins vers le jamais vu.

L'expérience était aventureuse, pleine de surprises, et pour ces raisons et bien d'autres plus prégnantes, peu commune. (= *paragraphe à l'imparfait évoquant des faits passés*).

La démocratisation du voyage, le développement du tourisme lié à l'instauration et à la généralisation des vacances changent radicalement cette situation. Le prodigieux développement de la pratique photographique modifie très profondément le voyage, mais également le monde dans lequel se déplace le voyageur. (= *paragraphe au présent évoquant des faits actuels*).

Roland Albrecht,
La mémoire pétrifiée, Revue *Autrement*, janvier 1990.

Dans la plupart des autres cas, les relations logiques entre les différentes étapes du raisonnement sont explicitées par des connecteurs ou articulations logiques : adverbes, conjonction de coordination ou de subordination, dont nous donnons un tableau ci-dessous. Par exemple, dans l'extrait de R. Caillois (p. 38), l'adverbe « certes » marque la concession et la conjonction de coordination « mais » explicite l'opposition entre les dimensions individuelle et collective des jeux.

LES RELATIONS ET LES CONNECTEURS LOGIQUES DANS L'ARGUMENTATION

Relation logique	Connecteurs logiques	Fonction
Addition ou gradation	*et, de plus, en outre, par ailleurs, surtout, d'abord, ensuite, enfin d'une part, d'autre part, non seulement, mais encore...*	Permet d'ajouter un argument ou un exemple nouveau aux précédents.
Parallèle ou comparaison	*de même, de la même manière, ainsi que, comme...*	Permet d'établir un rapprochement entre deux faits.
Concession	*malgré, sans doute, en dépit de, bien que, quoique,...*	Permet de constater des faits ou des arguments opposés à sa thèse tout en maintenant son opinion

Opposition	*mais, au contraire, cependant, pourtant, en revanche, tandis que, alors que, néanmoins, toutefois, or…*	Permet d'opposer deux faits ou deux arguments souvent pour mettre en valeur l'un d'entre eux.
Cause	*car, en effet, étant donné, parce que, puisque, en raison de, sous prétexte que, dans la mesure où.*	Permet d'exposer l'origine, la raison d'un fait.
Conséquence	*donc, c'est pourquoi, par suite, de là, d'où, dès lors, de sorte que, si bien que, par conséquent.*	Permet d'énoncer le résultat, l'aboutissement d'un fait ou d'une idée.

D. LA RHÉTORIQUE ET LES PROCÉDÉS ORATOIRES

La rhétorique est l'art de bien dire. Elle renforce les jeux de l'énonciation et la stratégie argumentative par un certain nombre de moyens stylistiques chargés d'emporter l'adhésion du lecteur ou de l'auditeur. Il s'agit pour l'essentiel des figures de style et d'un certain nombre de procédés oratoires (propres à l'éloquence), grâce auxquels les écrivains pourront donner à leurs textes telle ou telle tonalité, pour mieux convaincre.

I. Les figures de style

Elles servent à illustrer une idée, à opposer des arguments, à susciter l'émotion ou la connivence du public. On les appelle aussi figures de rhétorique. Voici une rapide classification des plus employées dans les textes argumentatifs.

● **Les figures de l'analogie : comparaison et métaphore**

1. La comparaison établit une relation de similitude entre deux termes, deux réalités (images ou idées) qui ont un élément commun. Par exemple, la phrase suivante – « La vie est semblable à un long fleuve tranquille » – se compose d'une première réalité que l'on va comparer à une autre (la vie, qui est le *comparé*), d'une seconde réalité que l'on compare à la première (un long fleuve, qui est le *comparant*), d'un outil de comparaison explicite (« est semblable à ») et d'un point commun qui justifie la ressemblance : la notion d'écoulement (le passage du temps est similaire aux flux de l'eau).

Cet exemple semble seulement constater la ressemblance entre les deux termes de la comparaison. Mais souvent, cette ressemblance est en partie inventée, construite pour frapper l'imagination du lecteur. Examinons cette phrase de Chateaubriand, extraite des *Mémoires d'Outre-Tombe* :

> Un caractère moral s'attache aux scènes de l'automne : ces feuilles qui tombent comme nos ans, ces fleurs qui se fanent comme nos heures, ces nuages qui fuient comme nos illusions, cette lumière qui s'affaiblit comme notre intelligence, ce soleil qui se refroidit comme nos amours, ces fleuves qui se glacent comme notre vie, ont des rapports secrets avec nos destinées.

L'auteur, ici, opère un choix délibéré : il veut ne voir dans l'automne que des signes de vieillesse liés au vieillissement humain ; or, il aurait pu considérer l'automne comme la saison des fruits et des magnifiques coloris dont s'ornent les forêts ; mais il a choisi, il a voulu « constater » un « caractère moral » nostalgique que lui-même projette sur les scènes de l'automne (*cf.* « Comme nos ans, comme nos heures, comme nos illusions, comme nos amours »). Ainsi, la comparaison *construit* l'analogie pour « prouver », pour faire comme s'il y avait une évidence des choses.

Comme outil argumentatif, la comparaison peut aller encore plus loin et inventer des analogies tout à fait discutables. Si par exemple un politicien déclare : « Les immigrés dans notre société sont comme des corps étrangers dans un organisme : ils vivent en parasites », on peut observer qu'il « justifie » sa xénophobie en opérant une transposition dangereuse du plan biologique au plan social. De telles comparaisons ont pu servir à encourager des opérations racistes de « purification ethnique ». Lorsque l'on devra « peser les choix argumentatifs d'un texte », on n'oubliera donc pas le proverbe : comparaison n'est pas raison.

2. La métaphore est une comparaison implicite (sans « comme, de même que », etc.) : au lieu d'exposer les deux termes de la comparaison en les disposant face à face, elle les assimile en un seul énoncé. Par exemple, si je dis : « Je veux croquer la vie à pleines dents », j'identifie directement la vie à une nourriture et le bonheur à une simple affaire de consommation. Même assimilation si l'on déclare « nos heures se fanent, nos amours se glacent ». La métaphore, comme la comparaison, rend sensible l'idée ; mais, plus encore que la comparaison, elle l'impose par son caractère imagé : le lecteur, l'auditeur, n'ont pas le temps de réagir. Des expressions usées comme « une âme de feu », « une volonté de fer », conservent malgré tout un pouvoir d'influence. Lorsque Molière évoque ceux « qui se sont fait un bouclier du manteau de la religion », les spectateurs se représentent aussitôt les hypocrites dangereusement masqués.

Comme la comparaison, la métaphore peut, dans un texte argumentatif, imposer des « évidences » qui n'en sont pas. Ce qui est *pouvoir de suggestion*, dans un texte poétique, peut devenir *pouvoir de propagande* dans un texte argumentatif. Il faut avec précision distinguer les registres différents que la métaphore assimile, pour peser sa validité comme argument (voir par exemple les rapports qu'elle établit entre ordre biologique/ordre social ; ordre animal/ordre humain ; ordre minéral ou végétal/ordre affectif ou spirituel, etc.).

3. La métaphore et la comparaison peuvent être **filées** ; c'est-à-dire qu'elles sont poursuivies durant toute une phrase ou tout un paragraphe, l'auteur développant l'image ou le parallèle avec insistance pour entraîner l'adhésion du lecteur. On peut citer cette phrase célèbre où Pascal assimile la vie à une comédie qui se termine tragiquement, pour ébranler ceux qui ne s'inquiètent pas de son sens : « Le dernier acte est sanglant, quelque belle que soit la comédie en tout le reste : on jette enfin de la terre sur la tête, et en voilà pour jamais. » On peut renvoyer aussi au poème connu de Baudelaire, « l'Albatros », qui décrit minutieusement la grandeur et la chute de l'oiseau, pour l'assimiler finalement au destin du poète :

> Exilé sur le sol, au milieu des huées,
> Ses ailes de géant l'empêchent de marcher.

Dans le sillage de la métaphore, le symbole, l'allégorie, la personnification sont des moyens classiques destinés à émouvoir ou à éblouir le lecteur. Le texte argumentatif ne se contente donc pas d'argumenter : il joue souvent sur la « corde sensible » du public.

● Les figures d'opposition : l'antithèse, l'antiphrase, le paradoxe

1. L'antithèse oppose vigoureusement deux réalités, deux idées, deux termes en opérant, le plus souvent, une disposition symétrique des mots qui les traduisent. C'est le cas de cette déclaration de Pascal aux Pères jésuites : « Vous croyez avoir la force et l'impunité, mais je crois avoir la vérité et l'innocence » ; le conflit entre l'auteur et ses adversaires se traduit par une double opposition des termes qui s'appliquent à chaque camp (Force/Vérité ; Impunité/Innocence).

L'antithèse n'est pas seulement fréquente dans les textes polémiques où l'énonciateur tente toujours plus ou moins de « diaboliser » son adversaire pour s'innocenter lui-même. Elle est utilisée dans les textes argumentatifs chaque fois qu'un auteur exprime les aspects contradictoires du sujet de son discours (la dualité de la nature, par exemple, dans les *Pensées*) ou qu'il désire exposer une thèse en l'opposant à une autre, ou encore qu'il établit un parallèle entre diverses réalités. Ainsi, le fameux parallèle que La Bruyère développe entre Corneille et Racine multiplie les antithèses : « Corneille nous assujettit à ses caractères et à ses idées, Racine se conforme aux nôtres ; celui-là peint les hommes comme ils devraient être, celui-ci les peint tels qu'ils sont, etc. » Le recensement des antithèses, dans un texte argumentatif, au-delà du brio des formules, permet de pénétrer en profondeur la pensée d'un écrivain ; c'est le cas dans ce passage du *Discours sur l'origine de l'inégalité* où Rousseau oppose l'homme sauvage et l'homme civilisé, en montrant les contradictions internes dans lesquelles ce dernier se débat :

> L'homme sauvage et l'homme policé diffèrent tellement par le fond du cœur et des inclinations que ce qui fait le bonheur suprême de l'un réduirait l'autre au désespoir. Le premier ne respire que le repos et la liberté […] Au contraire, le citoyen, toujours actif, sue, s'agite, se tourmente sans cesse pour chercher des occupations encore plus laborieuses. Le sauvage vit en lui-même ; l'homme sociable, toujours hors de lui, ne sait que vivre dans l'opinion des autres.

Dans ce texte, qu'il faudrait citer en entier (en conclusion de son discours), Rousseau construit une image idyllique de l'homme à l'état de nature pour mieux faire la critique de « l'homme sociable ». L'antithèse n'est pas le simple constat d'une opposition préexistante : elle organise, crée, « force » l'opposition pour convaincre le lecteur. Dans les textes argumentatifs, par leurs effets de symétrie, par la clarté ou la beauté de leurs architectures, les antithèses font croire à la justesse de la vision (souvent manichéenne) des auteurs.

2. L'antiphrase est une phrase qui signifie le contraire de ce qu'elle énonce, le plus souvent grâce à l'intonation ironique. Il suffit de s'exclamer « C'est du joli ! » devant une vilaine action pour faire une antiphrase. L'ironie procède fondamentalement par antiphrase, mais elle se sert aussi d'autres moyens (voir p. 54).

Il ne faut évidemment pas confondre l'antiphrase, qui oppose la formulation employée à la chose signifiée, avec l'antithèse, qui oppose deux réalités contraires dans leur formulation même. Un bon exemple d'antiphrase, développée durant une vingtaine de vers, nous est donné par V. Hugo dans son texte « Réponse à un acte d'accusation » ; le poète résume ironiquement (en les grossissant à peine) les critiques faites à son œuvre, sur le ton suivant : « C'est moi qui suis l'ogre et le bouc émissaire […] J'ai foulé le bon goût et l'ancien vers français […] J'en conviens, oui, je suis cet abominable homme […] Je me borne à ceci : je suis ce monstre énorme, je suis le démagogue horrible et débordé, et le dévastateur de vieil A B C D », etc. Cette méthode désamorce les critiques de ses accusateurs.

3. Le paradoxe est un énoncé qui s'oppose à l'opinion commune ou aux « vérités » admises. Par exemple, quand Oscar Wilde énonce l'idée que l'art atteint parfois à la dignité du travail manuel, il renverse l'opinion courante selon laquelle le travail manuel est une activité inférieure à l'art, occupation sublime. Le paradoxe ressemble à l'antiphrase en ce qu'il semble nier une réalité admise. Il rappelle aussi l'antithèse en ce qu'il inverse parfois littéralement une formule connue : c'est le cas lorsque Ravel déclare « La nature imite l'art ». Dans les textes argumentatifs, le paradoxe a pour effet de saisir le lecteur pour lui révéler une « vérité » que celui-ci n'avait pas entrevue ; souvent d'ailleurs, l'énoncé nous prévient par un « paradoxalement » ou un « si étonnant que cela puisse paraître ». Mais des textes entiers peuvent cultiver le paradoxe : la thèse de Rousseau dont nous avons cité un extrait ci-dessus, célébrant le bonheur et la liberté du sauvage en dépréciant la condition de l'homme civilisé, a dû paraître paradoxale à beaucoup de ses contemporains...

4. L'oxymore et le chiasme sont également des figures de style utilisées pour surprendre ou éblouir le lecteur. L'oxymore, qui allie deux termes de sens contraires (*une paix armée, un refus prometteur*), pique la curiosité : il peut être au service d'un paradoxe, d'un titre « accrocheur ». Le chiasme, qui croise des termes mis en opposition ou en parallèle (A-B/B-A), produit un effet de structure achevée qui rend « indiscutable » l'idée exprimée (même si la formule est artificielle) : « Il faut manger pour vivre et non vivre pour manger » ; « Les discours du pouvoir usent le pouvoir des discours ».

● Les figures d'amplification ou d'atténuation

1. L'anaphore est un procédé d'insistance qui consiste à répéter le même mot ou la même expression au début de plusieurs phrases, membres de phrase ou vers qui se succèdent. Elle vise en général deux effets : 1) ordonner des sentiments ou des pensées pour la clarté de l'exposé ; 2) disposer ces sentiments ou pensées selon un ordre croissant pour mieux entraîner le lecteur (ou l'auditeur) (effet d'amplification). Voici un exemple extrait des *Cahiers* de Montesquieu :

> Si je savais quelque chose qui me fût utile, et qui fût préjudiciable à ma famille, je la rejetterais de mon esprit. Si je savais quelque chose utile à ma famille, et qui ne le fût pas à ma patrie, je chercherais à l'oublier. Si je savais quelque chose utile à ma patrie, et qui fût préjudiciable à l'Europe, ou bien qui fût utile à l'Europe et préjudiciable au genre humain, je la regarderais comme un crime.

2. La gradation est également un procédé d'insistance, qui consiste à ordonner les termes d'un énoncé selon une intensité croissante. Cette intensité peut porter (le plus souvent) sur la signification des mots : « Va, cours, vole, et nous venge ! », mais aussi sur l'ampleur croissante des segments de la phrase : « Je suis perdu, je suis assassiné, on m'a coupé la gorge, on m'a dérobé mon argent ! ». Il faut noter qu'au niveau du sens, la gradation peut servir un effet de décroissance, comme l'indique par exemple la fin de la chanson « Ne me quitte pas » de J. Brel : « Laisse-moi devenir/L'ombre de ton ombre/L'ombre de ta main/L'ombre de ton chien ». Remarquons aussi la proximité entre l'anaphore et la gradation : l'anaphore est un procédé syntaxique (formel) qui sert souvent à mettre en valeur une progression de l'idée ; la gradation, elle, est d'abord centrée sur la signification des termes, elle ne prend pas nécessairement la forme anaphorique, et utilise des termes variés.

3. L'hyperbole est la figure de l'excès, de l'exagération : l'énoncé grossit démesurément la réalité ou la pensée qu'il est censé traduire. Dire « j'ai souffert mille morts » pour évoquer une série d'épreuves dont on est sorti vivant est forcément une exagération. Dans les textes littéraires, l'hyperbole peut servir des effets de grossissement épiques (« Paris baignait dans le sang ») ou d'exagération comique (le nez de Cyrano : « C'est la mer Rouge quand il saigne ! »). Dans les textes plus spécialement argumentatifs, où une exagération trop visible pourrait desservir la thèse de l'auteur, l'hyperbole prend des allures moins grossières ; elle se présentera par exemple sous la forme d'une généralisation abusive, ou d'une métaphore un peu appuyée : « un véritable cancer financier ronge notre économie », « les médias ont décervelé la jeunesse », etc.

4. L'euphémisme, figure de l'atténuation, est le contraire même de l'hyperbole : l'énoncé affaiblit ou feutre soigneusement la (dure) réalité qu'il est censé exprimer. Le *troisième âge* pour *les vieillards*, une *maladie de longue durée* pour un *cancer*, *malentendant* pour *sourd* sont des euphémismes couramment employés. On notera toutefois que, dans certains textes argumentatifs, l'emploi de l'euphémisme peut, intentionnellement, servir un effet inverse : on n'atténue la réalité évoquée que pour faire ressortir, par réaction, l'horreur de cette réalité. L'euphémisme se désigne alors comme euphémisme dans la bouche de l'orateur (par l'intonation, par une mise à distance du type « ce qu'il est convenu d'appeler la purification ethnique », etc.).

5. La litote, dans sa forme, semble atténuer ce qu'elle énonce ; mais c'est pour renforcer le contenu de ce qu'on suggère. Dire « il n'est pas génial », pour signifier « il est franchement stupide », souligne d'autant plus la stupidité d'un individu qu'on évoque l'idée de génialité. La litote, au lieu de dire la chose, nie son contraire : ce détour demande à l'auditeur de bien cerner l'intention de l'orateur, ce qui crée une connivence entre les interlocuteurs. La litote sera donc une arme efficace dans les textes argumentatifs de tonalité ironique ou polémique.

6. La concession est davantage une forme de raisonnement (*cf.* p.38) qu'une figure de style. Certains orateurs en font cependant un usage rhétorique extrêmement habile, pour produire un effet de discours modéré. Elle consiste en effet à concéder une part de vérité à la partie adverse (« sans doute, assurément, certes, il est vrai que, etc. ») pour mieux affirmer, l'instant d'après, l'essentiel de la thèse qu'on défend (« mais, cela dit, cependant, néanmoins, il n'en reste pas moins que »). Le locuteur semble ainsi atténuer ce qu'il pourrait y avoir de trop absolu ou de péremptoire dans sa pensée, en affectant de faire la part des choses, pour mieux persuader celui qui l'écoute ou le lit. Par exemple : « Certes, je reconnais bien volontiers que la peine de mort est affreuse ; cependant, il faut bien en arriver là pour dissuader les criminels en puissance.» Ce type de balancement rhétorique peut devenir très artificiel.

Pour conclure ce petit inventaire, trois remarques :

a) nous n'avons pas évoqué toutes les figures de style, dans la mesure où plusieurs d'entre elles sont moins utilisées que d'autres dans les textes argumentatifs (par exemple la métonymie, l'hypallage, la synecdoque, l'ellipse) ; mais on peut néanmoins les y trouver, avec leurs effets expressifs spécifiques ;

b) les figures de rhétorique ici décrites sont inégalement employées : il ne faudra donc pas croire qu'elles sont nécessairement présentes dans tous les textes ; et il faudra discerner celles qui sont décisives, selon les types de texte ;

c) à l'inverse, il faudra prendre garde au chevauchement fréquent de certaines figures : une métaphore peut être en même temps une hyperbole et se situer dans une série anaphorique ; une antithèse peut comporter des ensembles de termes symétriques ordonnés de façon croissante, c'est-à-dire formant une gradation comme le montre par exemple cette évocation de l'homme selon Pascal : «Juge de toutes choses, imbécile ver de terre ; dépositaire du vrai, cloaque d'incertitude et d'erreur ; gloire et rebut de l'univers. »

II. Quelques procédés oratoires : du ton aux tonalités

L'adjectif «oratoire» se rapporte à l'art de parler, c'est-à-dire à l'éloquence des orateurs, celle qui résonne dans un prétoire ou un amphithéâtre. Même écrits, les textes argumentatifs gardent souvent les traces d'un style sonore, élaboré pour être entendu, pour impressionner un auditoire.

• Quelques procédés oratoires

1. L'apostrophe est une figure de rhétorique qui consiste à s'adresser solennellement à une personne présente ou absente, ou à une réalité personnifiée. Dans un texte argumentatif, elle est souvent une interpellation directe ou indirecte des auditeurs ou des lecteurs, dans le but de les saisir ou de les ébranler. « Bon appétit, Messieurs, ô ministres intègres » s'exclame ironiquement Ruy Blas en défiant les Grands d'Espagne. Et Pascal, moins directement, interpelle ainsi ses lecteurs incroyants : « Que deviendrez-vous donc, ô hommes qui cherchez quelle est votre condition véritable par votre raison naturelle ? »

2. Les questions oratoires sont des interrogations que l'orateur ou l'auteur affecte d'adresser à l'auditeur ou au lecteur, mais sans attendre réellement de réponse. Ces questions ne servent qu'à *mettre en question* les certitudes ou les attitudes supposées de l'auditoire. C'est l'orateur lui-même qui fait les réponses. Pascal est coutumier de ce procédé : « Car enfin qu'est-ce que l'homme dans la nature ? Un néant à l'égard de l'infini, un tout à l'égard du néant, un milieu entre rien et tout. » Ou encore : « Qui dispense la réputation ? qui donne le respect et la vénération aux personnes, aux ouvrages, aux lois, aux grands, sinon cette faculté imaginante ? »

3. L'usage des exclamations ou **des points de suspension** obéit également au désir de communiquer l'émotion ou d'obtenir la connivence du lecteur par le ton (dans un texte polémique, par exemple, chargé de transmettre l'indignation ou l'ironie de l'auteur).

4. Les impératifs cherchent eux aussi, à la fois par leur sens et par leur ton, à rendre docile, perméable, l'interlocuteur que le texte désire convaincre (*cf.* les modalités de l'énonciation, p. 13). L'injonction peut être directe : « Humiliez-vous, raison impuissante ; taisez-vous, nature imbécile ; apprenez que l'homme passe infiniment l'homme et entendez de votre maître votre condition véritable que vous ignorez. Écoutez Dieu » (Pascal). Mais l'orateur peut aussi requérir l'attention du lecteur de façon indirecte, à la 3e personne : « Que l'homme contemple donc la nature entière dans sa haute et pleine majesté, qu'il éloigne sa vue des objets bas qui l'environnent. Qu'il regarde cette éclatante lumière. » etc. (Pascal).

5. La période est une longue phrase complexe dont les propositions sont ordonnées selon un rythme ample et harmonieux ; l'orateur ou l'écrivain veut traduire ainsi la complexité ou l'ampleur du sujet qu'il traite ; il veut aussi entraîner l'auditeur et lui faire partager sa hauteur de vue, lui communiquer son souffle, ou du moins sa « respiration ». Voici, par exemple une grande période en deux temps où Bossuet évoque la fragilité de toute vie humaine, quelles que soient ses grandeurs, dans le *Sermon sur la Mort* :

> Multipliez vos jours, comme les cerfs que la fable ou l'histoire de la nature fait vivre durant tant de siècles ; durez autant que ces grands chênes sous lesquels nos ancêtres se sont reposés et qui donneront encore de l'ombre à notre postérité ; entassez, dans cet espace qui paraît immense, honneurs, richesses, plaisirs : que vous profitera cet amas, puisque le dernier souffle de la mort, tout faible, tout languissant, abattra tout à coup cette vaine pompe avec la même facilité qu'un château de cartes, vain amusement des enfants?

En général, les auteurs n'accumulent pas en série les périodes : ils alternent avec des phrases plus courtes, pour ne pas ennuyer le lecteur, ou pour faire ressortir des formules brèves, et brillantes. C'est le cas de Pascal, dans la longue pensée intitulée « Disproportion de l'homme ». Aussi peut-on parler dans ce cas de *style périodique*, pratiqué de façon discontinue.

6. Le rythme (souvent associé aux sonorités) est enfin un moyen essentiel pour soutenir le souffle de l'orateur : il souligne en général les effets produits par les figures de rhétorique (parallélismes des antithèses, amplification des anaphores, balancements des périodes). Comme dans un texte poétique, l'emploi de rythmes binaires ou ternaires a pour effet d'entraîner l'adhésion du lecteur par la simple cadence conférée aux mots, parallèlement à leurs effets de sens. On observera en particulier la façon dont les écrivains organisent les termes selon des cadences croissantes ou décroissantes, en utilisant les virgules, en suggérant de légères pauses dans l'énoncé, en travaillant les chutes de phrase (encore appelées *clausules*). Les phrases citées ci-dessus peuvent être relues et étudiées du seul point de vue du rythme. Voici encore l'exemple d'une cadence croissante (Bossuet décrit l'accablement qui a suivi la mort d'Henriette d'Angleterre) : « Le roi, la reine, Monsieur, toute la cour, tout le peuple, tout est abattu, tout est désespéré. » Voici, à l'inverse, l'exemple d'une cadence décroissante (Pascal évoque sèchement le malheur d'un roi qui songe à la mort) : « Car il est malheureux, tout roi qu'il est, s'il y pense ».

● **Les tonalités**

Les principales figures de rhétorique utilisées, l'emploi de tels ou tels procédés oratoires, mais aussi le type d'énonciation (présence intense ou non du locuteur dans son discours) et la nature de l'argumentation, permettent de définir la *tonalité majeure* du texte soumis à votre examen. Inversement, la perception immédiate et intuitive de telle ou telle tonalité peut guider la recherche, dans un texte, des principaux moyens d'expression dont il se sert pour convaincre ou émouvoir. Il est donc important de recenser les diverses tonalités, sans toutefois les démultiplier à l'extrême, mais en sachant bien qu'elles peuvent souvent se mêler dans un même texte argumentatif. Nous en distinguerons quatre :

1. La tonalité didactique. Elle caractérise des textes dont le but est d'instruire : informer, enseigner, expliquer, établir logiquement des vérités ou des notions, faire des constats objectifs. Dans ce type de textes, le contenu même des arguments, les articulations logiques, la justesse des exemples, seront essentiels. L'énonciation se voudra impersonnelle, les figures de rhétorique ne seront pas recherchées. Un manuel scolaire, un livre de géographie par exemple, ne cherchera pas à convaincre par des effets oratoires.

Mais attention : la tonalité didactique peut être utilisée dans des textes dont le propos est tout à fait discutable. D'une part, un orateur peut très bien exposer avec clarté et objectivité un problème au fil d'un paragraphe, avant de prendre parti dans la suite de son discours. D'autre part, et plus subtilement, un auteur peut exposer sur un ton objectif et trompeur des idées fausses ou des contre-vérités : il suffit de dire « il est bien évident que », « l'expérience a montré que », « chacun peut constater que » pour faire croire à un discours réfléchi et sans parti pris. Au XVe siècle, bien des gens auraient souscrit à la formule suivante : « L'expérience montre – chacun peut le constater – que le soleil tourne chaque jour autour de la terre »...

2. La tonalité lyrique ou pathétique. Elle est aisément reconnaissable à la présence personnelle du locuteur, à l'émotion qu'il veut communiquer à son public (sensible dans le choix ou l'évocation des exemples qu'il décrit), aux procédés oratoires ou aux figures de style destinées à impressionner. Dans ce type de texte, il ne faut pas se contenter d'observer l'émotion, l'enthousiasme ou la chaleur du locuteur. Il faudra voir aussi en quoi son lyrisme sert sa démonstration, c'est-à-dire sa stratégie argumentative. Par exemple lorsque Victor Hugo nous apitoie sur le sort d'une grand-mère ayant perdu son unique petit enfant, tué par balle (« Souvenir de la nuit du 4 », *cf.* p. 149), c'est pour mieux faire ressortir la barbarie de Napoléon III et de son coup d'État. De même, le pathétique des *Oraisons funèbres* de Bossuet n'est pas gratuit : il s'agit d'ébranler l'auditoire devant le spectacle de la mort, pour mieux le conduire à recevoir la leçon chrétienne, à méditer sur son salut après la vie. Aussi sincère qu'il soit, l'auteur utilise sa sincérité et son émotion au service de son message.

3. La tonalité polémique. Elle se reconnaît d'abord au *sujet* sur lequel (ou contre lequel) le texte porte, ensuite à la *nature des arguments* (ce sont des arguments « contre ») enfin à la *rhétorique* utilisée (excès des hyperboles, exclamations et indices d'énonciation indignée, emploi d'antithèses propices à « diaboliser » l'adversaire). La littérature polémique essaie souvent de « prendre à témoin » le public auquel elle s'adresse : on y repérera fréquemment des injonctions, des exhortations ; le locuteur, ne serait-ce qu'au niveau des pronoms, fait une grande place à son interlocuteur (qu'il s'agisse de son adversaire ou de son public). On notera enfin que le caractère polémique d'un texte (ou d'une phrase) peut n'être pas évident ; il peut se dissimuler par exemple sous un ton de caractère didactique. Lorsqu'on lit, dans l'Encyclopédie de Diderot et d'Alembert, la formule : «Aucun homme n'a reçu de la nature le droit de commander aux autres », on peut croire qu'il ne s'agit que d'une simple définition, alors qu'il s'agit, en réalité, d'une attaque presque directe de l'autorité royale. Les expressions absolues, définitives, péremptoires (« Nul n'a le droit de », « Quiconque agit ainsi doit savoir que », « Tous ceux qui prétendent que, méritent de », etc.) sont toujours *potentiellement* polémiques : elles jugent, elles réduisent, elles excluent.

4. La tonalité ironique. Elle n'est pas rare, mais elle est sans doute la moins évidente. L'ironie ne se fonde pas en effet sur les seules antiphrases. Elle opère par de subtils décalages entre la réalité des choses et l'énoncé qui les traduit, par des parallélismes et des antithèses que le lecteur pressé ne voit pas toujours, par des hyperboles plus ou moins marquées qu'il ne faut pas prendre au premier degré. Il est arrivé par exemple que des commentateurs peu exercés ne voient pas l'ironie de Montesquieu dans son célèbre texte « De l'esclavage des Nègres » (voir pp. 11-12). La tonalité ironique ne se comprend bien, d'ailleurs, que lorsqu'on connaît les conditions dans lesquelles le discours qu'on analyse est énoncé. Par exemple, à l'Acte V de *Dom Juan*, l'éloge de l'hypocrisie est reçu, au premier degré, par Sganarelle qui s'en effraie (avec raison, car Don Juan explique parfaitement l'efficacité de la méthode hypocrite) ; mais au second degré, en pleine querelle de *Tartuffe*, le public de Molière savoure un réquisitoire suprêmement ironique contre les faux dévots. Notons enfin que la tonalité ironique se mêle souvent aux autres, ce qui suppose une attention précise aux ruptures de ton : par exemple, dans la « Prière à Dieu » qui achève son *Traité sur la Tolérance*, Voltaire alterne le ton lyrique (celui de la prière à Dieu et de l'appel aux hommes), le ton polémique (la critique des formes d'intolérance) et le ton ironique (la description des cérémonies religieuses réduites à leur apparat).

● **Illustration : la rhétorique d'Arnolphe**

Pour apprécier le rôle de la rhétorique, nous vous proposons de jeter un bref regard sur une dizaine de vers de *L'École des femmes* (Molière). L'argument est simple, et même simpliste : il s'agit pour Arnolphe de prouver à Agnès (qu'il désire épouser) la « supériorité » naturelle (naturelle ou sociale ?) de l'homme sur la femme :

> 1 « Votre sexe n'est là que pour la dépendance :
> Du côté de la barbe est toute la toute-puissance.
> Bien qu'on soit deux moitiés de la société,
> Ces deux moitiés pourtant n'ont point d'égalité :
> 5 L'une est moitié suprême, et l'autre subalterne ;
> L'une en tout est soumise à l'autre, qui gouverne ;
> Et ce que le soldat, dans son devoir instruit,
> Montre d'obéissance au chef qui le conduit,
> Le valet à son maître, un enfant à son père,
> 10 À son supérieur le moindre petit frère,
> N'approche point encore de la docilité
> Et de l'obéissance, et de l'humilité,
> Et du profond respect, où la femme doit être
> Pour son mari, son chef, son seigneur et son maître. »

1. La tonalité du texte, d'abord. Elle apparaît ici comme didactique : le texte expose ce qui semble une vérité humaine devant laquelle on doit s'incliner, en mêlant le ton de la description et celui de la prescription morale. Mais si l'on remarque que l'énonciateur est un homme et qu'il s'adresse à une femme qu'il veut épouser, on peut se demander si ce texte n'est pas plutôt potentiellement polémique : Arnolphe traite sa compagne désirée comme un adversaire potentiel dont il veut détruire en germe toutes les manifestations d'indépendance, toutes les possibilités de rébellion. Mais aussi, il s'agit là d'un texte théâtral dans lequel Molière caricature, en les grossissant, les idées et les prétentions d'un barbon qui craint par-dessus tout d'être cocu. Pour le spectateur qui entend la rhétorique d'Arnolphe au second degré, la tonalité de ce texte est ironique (ou comique) : c'est Molière qui est là-dessous, qui se joue d'Arnolphe, qui s'amuse et nous amuse d'autant plus qu'il a lui-même joué le personnage comme acteur !

2. Les figures de style. L'opposition se traduit ici par des antithèses entre la « dépendance » de la femme et la « toute-puissance » de l'homme, notamment dans les vers 5 et 6 : l'une moitié suprême/l'autre subalterne ; l'une en tout soumise/l'autre qui gouverne ; ces vers inversent eux-mêmes l'ordre des antithèses de sorte que l'hémistiche et la rime de l'un et l'autre s'opposent : suprême/soumise ; subalterne/gouverne. Dans la suite du texte, on retrouve les oppositions soldat/chef ; valet/ maître ; enfant/père ; petit frère/supérieur ; femme/mari. Ces couples antithétiques montrent que l'antithèse peut-être, non pas une figure éparse, mais la base même d'un discours entier. Il suffit, pour le confirmer, d'opposer dans ce texte le champ lexical de la soumission et le champ lexical de la domination.

L'analogie se traduit ici par cette autre figure classique qu'est la comparaison. Pour justifier l'obéissance absolue que la femme doit à l'homme, Arnolphe la compare à toutes les autres formes de hiérarchie sociale (militaire : le soldat en face du chef ; domestique : le valet en face du maître ; familiale ; l'enfant en face du père ; religieuse : le petit moine en face du supérieur). Cette comparaison a l'avantage d'associer si étroitement la «docilité» de l'épouse à toutes les autres sortes d'obéissance que la mettre en cause reviendrait à contester tout l'ordre social. Enfin, cette série de comparaisons ne conduit pas à une simple équivalence entre les diverses formes de soumission : l'analogie signifie bien qu'elles ne sont que des images imparfaites (« n'approche point encor ») de la plus haute des soumissions, celle de la femme au mari !

L'amplification – l'exagération – est en effet elle aussi à la base de ce texte. Elle s'exprime d'abord dans l'hyperbole ; Arnolphe exagère les deux termes de chacune de ses antithèses : du côté de l'homme est la *toute* puissance, et la femme n'est là *que* pour la dépendance ; l'un a un pouvoir *suprême* (et non pas légèrement supérieur), l'autre est soumise *en tout* (et non pas partiellement). L'amplification se traduit également par les gradations qui marquent les deux ensembles de la comparaison : *le soldat au chef/le valet à son maître/un enfant à son père/à son supérieur le moindre petit frère*/d'une part ; et, d'autre part, *de la docilité/et de l'obéissance/et de l'humilité/et du profond respect*. L'ensemble culmine dans la gradation finale de l'étonnant dernier vers.

3. L'aspect proprement oratoire de ce texte est manifeste. Ces vers sont faits pour être *dits*. Les rimes, les parallélismes et les balancements de la versification donnent à ce discours une consistance sonore qui aide considérablement l'acteur à le déclamer. La grande comparaison qui se déroule sur huit vers est en réalité une période à laquelle l'envolée finale donne toute sa plénitude. Ainsi, l'aspect sonore de ce texte, son « souffle » font partie intégrante de sa rhétorique.

Si l'on met en rapport toute cette rhétorique avec le contenu argumentatif des propos d'Arnolphe, on constate évidemment une surprenante disproportion. La *rhétorique* est ici d'autant plus riche que l'*argument* est pauvre ! Molière le sait parfaitement, et c'est cette contradiction qui rend précisément le discours d'Arnolphe grotesque, sans parler de sa maladresse (ce n'est pas en dressant un tel tableau de la tyrannie maritale qu'on incline une jeune fille à se marier !).

PREMIÈRE PARTIE DE L'ÉPREUVE

LES QUESTIONS D'ANALYSE ET DE COMPRÉHENSION

I. ESSAI GÉNÉRAL
(essai facile)

« Le pardon », J. Delumeau

1   Utopie, dira-t-on, que ce mot inactuel? Je répondrai que nos jours seraient moins lourds à porter si le pardon y avait davantage place. À l'époque où tant de couples se déchirent et se séparent, malgré la souffrance évidente des enfants et les
5 traumatismes psychologiques qui en résultent pour ceux-ci, est-ce que le pardon réciproque n'apporterait pas compréhension, allégement, réconfort, paix et joie ? Ne serait-il pas comme un rayon de soleil sur nos larmes ?

   Il n'en va pas autrement au niveau d'un pays. Quoi de
10 plus absurde que les haines et les culpabilisations réciproques alimentées chez nous par les deux mythes de «droite » et de « gauche » ? Je suis toujours irrité par la répétition de ce poncif commun aux hommes politiques des deux camps : «Je n'ai pas (ou nous n'avons pas) de leçon à recevoir » de
15 X ou de Y. Au contraire, nous avons tous des leçons à recevoir de ceux qui ne pensent pas comme nous.

   Enfin, quelle autre solution que le pardon et la compréhension de l'autre existe-t-il à la dangereuse tension entre les super-grands, au problème palestinien, aux conflits raciaux
20 d'Afrique du Sud, aux haines qui divisent les Irlandais ou mettent le feu à l'Amérique centrale? Utopie, répétera-t-on. Réfléchissons tout de même qu'il n'y a que deux issues pos-

sibles aux antinomies nationales et internationales qui déchirent notre monde : ou la guerre ou le pardon. Ne sommes-nous pas payés pour savoir que le pardon vaudrait mieux que la guerre ? La solution de bon sens, c'est évidemment le pardon.

Un poète cubain, profondément chrétien, qui a passé vingt-deux ans dans les prisons et les camps de Fidel Castro a fait récemment devant moi l'éloge du pardon. Pour lui, pardonner c'est casser l'engrenage de la violence, refuser de combattre avec les armes haineuses de l'adversaire, rester ou redevenir libre lors même qu'on est enchaîné. Il donna à son propos une illustration saisissante. Un jour, lui et ses compagnons de captivité, surveillés par des soldats, coupaient des cannes à sucre dans un champ. Un orage éclata. La foudre atteignit l'un des gardes (à cause de sa baïonnette). Les prisonniers vinrent à son secours, lui firent du bouche-à-bouche... et le ramenèrent à la vie.

Jean Delumeau,
« Ce que je crois », Éd. Grasset, 1985, p. 100.

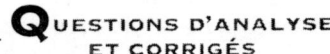 QUESTIONS D'ANALYSE ET CORRIGÉS

Ce texte de Jean Delumeau ne présente pas de difficulté de compréhension : il peut être saisi dans sa globalité dès la première lecture. Toutefois, une relecture attentive doit permettre d'en approfondir le sens et l'argumentation. Il n'est pas inutile en particulier de vérifier dans un dictionnaire la signification des mots *antinomie* (auquel l'auteur aurait dû préférer *antagonisme*), *culpabilisation* (ici, fait de culpabiliser l'adversaire), *poncif* (lieu commun) et *traumatisme*. À noter aussi qu'un candidat ne peut bien comprendre les questions qui lui sont posées que s'il connaît avec précision le sens des mots « alternative » et « utopie ».

Q1 *Quelle est l'idée directrice de ce texte? Dans quels domaines l'auteur tente-t-il de l'illustrer? Quelle est la fonction du dernier exemple?* (3 pts).

L'idée directrice du texte est que le pardon est la seule véritable solution aux divers conflits qui opposent les hommes entre eux. Cette idée est annoncée et reprise plusieurs fois dans le texte (« Le pardon réciproque n'apporterait-il pas…? », « la solution de bon sens, c'est évidemment le pardon », « pardonner, c'est casser l'engrenage de la violence »).

Remarquons bien que ce qu'on appelle idée directrice » ne doit pas être confondu avec le thème du texte. Le thème, c'est bien sûr le pardon. L'idée directrice de l'auteur, c'est ce qu'il pense à propos de ce thème, son message répétitif, – à savoir que seul le pardon peut résoudre les conflits.

Les domaines dans lesquels l'auteur développe cette idée correspondent aux trois premiers paragraphes : le niveau des relations personnelles (avec l'exemple des familles qui se déchirent) ; le niveau des relations politiques nationales (l'auteur nous suggère lui-même son plan en écrivant « Il n'en va pas autrement au niveau d'un pays ») ; et le niveau des relations internationales (ce troisième niveau est annoncé par « Enfin », au début du troisième paragraphe).

Ces divers niveaux sont naturellement l'occasion pour l'auteur de renvoyer à de nombreux exemples issus de l'actualité des dernières années. Mais ces exemples ne sont pas développés. En revanche, Jean Delumeau évoque le témoignage d'un poète cubain et raconte, avec des détails précis (et même l'emploi du passé simple), l'expérience « saisissante » vécue par celui-ci. Ce récit pourrait à première vue paraître « anecdotique ». En réalité, l'auteur lui confère une valeur « exemplaire » (c'est justement la fonction des bons exemples). Ainsi, le dernier exemple du texte, loin de réduire sa thèse à un cas particulier, donne à l'ensemble du texte une portée universelle.

Q2 *Expliquez le mot « utopie ». Dans quel but est-il employé?* (2 pts).

Le mot *utopie* vient de l'ouvrage de Thomas More *Utopia*, qui décrit une cité idéale. Ce mot, forgé par cet auteur à partir des racines grecques *u-* (« non ») et *topos* (« lieu »), signifie littéralement « ce qui n'existe nulle part ». Au sens positif, le mot utopie désigne effectivement une cité imaginaire, idéale, dont la représentation peut faire réfléchir le lecteur au régime politique idéal vers lequel il faudrait tendre à l'avenir. C'est en ce sens que Gide écrit « L'utopie d'aujourd'hui est la réalité de demain ». Mais dans le langage courant, le mot utopie est le plus souvent employé péjorativement, pour décrire une chimère, une rêverie irréalisable, une aspiration dangereuse que la réalité peut cruellement démentir.

Jean Delumeau emploie le mot utopie dans ce sens péjoratif. Croire que le « pardon » peut résoudre les conflits serait — selon l'opinion majoritaire — un rêve irréaliste. Mais prenons bien garde ici au procédé rhétorique employé par l'auteur ; il se fait à lui-même cette objection pour mieux la réfuter par la suite. Dans les expressions « dira-t-on », « répétera-t-on », « on » représente le camp anonyme de ceux qui ne pensent pas comme lui ; il leur prête ce jugement catégorique (« utopie ! ») pour leur opposer l'attitude patiente, pacifique et tenace, des partisans du pardon. Ainsi, il dépossède le lecteur de cette objection pour l'amener à écouter son message de compréhension.

Q3 *Il y a dans ce texte une alternative. Situez-la et précisez son sens* (2 pts).

Une alternative est un ensemble de deux solutions incompatibles, entre lesquelles on est obligé de choisir ; il n'y en a pas d'autre. À la fin du troisième paragraphe, Jean Delumeau présente une alternative parfaite, idéalement définie : « Il n'y a que deux issues possibles... ou la guerre ou le pardon ». Cette alternative résume avec vigueur l'ensemble de l'argumentation de l'auteur. À ses détracteurs supposés, qui veulent l'enfermer dans une position utopique, il répond en les enfermant eux-mêmes dans une position ultra-négative, voire suicidaire (si vous refusez la solution du pardon, c'est que vous croyez à la fatalité de la guerre).

N.B.: Le candidat qui ignore le vrai sens du mot alternative ne peut répondre à cette question.

Q4 *Relevez les marques explicites de la présence de l'énonciateur dans son discours? Quelle est leur fonction?* (3 pts).

Dans un extrait d'une collection qui a pour titre «*Ce que je crois*», qui fait donc appel au témoignage personnel des auteurs, on doit évidemment s'attendre à des marques de présence du locuteur au fil de son énoncé. Elles sont plus ou moins explicites : l'intensité de cette présence varie avec l'emploie des pronoms (le « je » engage l'auteur davantage que le « nous ») ou d'autres tournures qui impliquent moins directement l'auteur.

L'auteur dit d'abord « je » à plusieurs reprises : « je répondrai que », « je suis toujours irrité », « devant moi ». Ce « je » exprime à la fois sa position de locuteur (« je répondrai ») et la personne qu'il se trouve être (« je suis irrité »). Cela donne à son texte un caractère de témoignage qui sollicite l'adhésion du lecteur.

Le locuteur est également présent à travers l'emploi de la première personne du pluriel : « nos jours, nos larmes, chez nous, nous avons tous des leçons, réfléchissons tout de même, ne sommes-nous pas payés, notre monde ». Par cet emploi, Jean Delumeau inscrit son discours dans une expérience collective qu'il partage avec son lecteur ; mais aussi, réciproquement, il attire le lecteur dans sa propre conception des choses, en lui donnant le sentiment qu'elle leur est commune. Cette inclusion est un moyen efficace pour empêcher l'interlocuteur de prendre une distance critique.

Enfin, de façon moins directe, l'auteur est présent par le ton qu'il emploie et par des effets de modalisation. Ses questions oratoires (qui incluent leur propre réponse) ont une fonction d'interpellation du lecteur qui implique, par leur tonalité même, une volonté de présence de celui qui interpelle (« Est-ce que le pardon réciproque n'apporterait pas », « Quelle autre solution existe-t-il à la dangereuse tension », « ne sommes-nous pas payés pour savoir que »). Par les effets de modalisation, le locuteur nous fait connaître ses sentiments favorables ou défavorables à ce qu'il énonce, son adhésion plus ou moins prononcée à ce qu'il formule. C'est le cas de l'emploi de certains adverbes comme « évidemment » dans la phrase « La solution de bon sens, c'est évidemment le pardon ». De même pour l'adjectif « saisissante », qui prédispose le lecteur à partager l'enthousiasme de Jean Delumeau devant l'exemple donné par le poète cubain : « Il donna à son propos une illustration saisissante ». Dans les assertions « Utopie, dira-t-on, que ce mot inactuel ?/Utopie, répétera-t-on. », le locuteur modalise encore son énoncé en signifiant, cette fois, son opposition à ce qu'il énonce : mais c'est encore un moyen d'être présent, de se poser en s'opposant.

Ces dernières marques de présence sont en principe implicites. Les repérer va au-delà de la question posée (« relevez les marques explicites »). Mais une fois qu'on les a relevées, en examinant de près le texte, elles sautent aux yeux du commentateur : sont-elles si « implicites » que cela ?

Les travaux d'écriture relatifs à ce texte seront traités dans la seconde partie de l'épreuve (p. 94)

2. ESSAI POLÉMIQUE
(difficulté moyenne)

Le bonheur conforme, F. Brune

Le pire ennui du métro est qu'on n'échappe pas au Club Méditerranée ; le faux bonheur bronzé reste le plus débilitant des maux de l'existence moderne. Vivre métro-boulot-dodo en rêvant soleil-vacances-auto, cette contradiction est un lieu commun maintes fois dénoncé. Mais on doit continuer de dénoncer ce qui persiste à nous détruire.

La masse des gens est aliénée: ce fait demeure, ce fait s'aggrave. Il ne s'agit pas de se pencher sur elle pour se sentir au-dessus: nous sommes la masse. Nous sommes cet individu du métro, maintenu par les affiches en état d'extraversion, dans une somnolence hagarde prête à tous les conditionnements. Nous sommes cet homme de la rue, pris dans l'embouteillage mental des signaux qui le cernent, pour qui le champ publicitaire tient lieu de champ de conscience. Nous sommes ce téléspectateur assis, engourdi et distrait en face des messages qui l'imprègnent, et qui ne sait plus couper le son ou l'image parce qu'appuyer sur un bouton est un effort contre nature. Nous sommes les heureux de Panurge, les citoyens-faits-masse dont les flashes publicitaires rythment désormais le film de la vie et en normalisent le sens.

La grande hébétude de la cité est la chance de la publicité, le lieu de son action, l'alibi de son euphorie. Personne n'échappe donc, à un moment ou à un autre, à cette somnolence hagarde qu'elle contribue à entretenir. Nos instants de défaillance critique sont d'ailleurs connus, étudiés ; on sait où nous prendre, on sait quand nous devenons des cibles idéales. On le sait biologiquement, psychologiquement, sociologiquement. On prétend même le savoir scientifiquement […] La presse, les grands moyens de communication ne se considèrent bientôt plus que comme les «supports» — le terme est éloquent — de la publicité. Les médiateurs de

l'information publique sont devenus les entremetteurs de la
«séduction» publicitaire. Tout travaille à plonger le citoyen
dans l'état hypnotique, faussement euphorique et discipliné,
où il n'aura plus qu'à suivre les sirènes de la consommation.
Ceux qui tentent d'y échapper, en ne consommant pas comme
il faut, seront fichés par ordinateur.

François Brune,
Le Bonheur conforme, Éd. Gallimard, 1985.

QUESTIONS D'ANALYSE ET CORRIGÉS

Q1 *Le titre de cet extrait suffit-il à en préciser le sens? En vous appuyant sur le réseau lexical et sur la structure du texte, définissez la nature de l'accusation et l'identité des accusés.* (3 pts).

Le titre proposé ici annonce une description d'un bonheur conformiste : il ne dit pas quelle en est la cause. Celle-ci est évoquée progressivement (les affiches, le champ publicitaire, les messages, les flashes publicitaires) avant d'être nommée deux fois : la publicité. D'autre part, le titre ne nous dit pas quelle va être l'intensité de la dénonciation qui va suivre : il faut donc entrer dans le texte pour bien mesurer l'identité des accusés et la nature de l'accusation.

La structure du texte est un premier élément d'information. Après le petit paragraphe d'introduction, qui éclaire le titre en évoquant le « faux bonheur bronzé », nous lisons deux développements successifs, l'un sur l'aliénation de la masse, l'autre sur les responsables de cette aliénation (la publicité alliée aux médias). Il est vrai que la publicité est déjà dénoncée dans le premier développement, de même que le tableau des citoyens conditionnés est parachevé dans le second : la structure du texte est donc un premier indice des deux pôles de la signification de l'ensemble.

L'observation du lexique va nous permettre de conforter l'analyse. Du côté de « la masse aliénée », nous avons une abondance de termes ou d'expressions qui surenchérissent sur l'oppression du citoyen : « le plus débilitant des maux », « une somnolence hagarde », « tous les conditionnements », « embouteillage mental », « engourdi », « citoyens-faits-masse », « grande hébétude », « personne n'échappe », « somnolence hagarde », « défaillance critique », « cibles idéales », « état hypnotique, faussement euphorique et discipliné », etc.

Du côté de la publicité, nous avons symétriquement une mobilisation globale de ses responsables, ses experts, ses complices médiatiques et ses méthodes d'action : « Club Méditerranée «(exemple symbolique), « affiches, signaux qui cernent, flashes qui normalisent, action, alibi, sirènes », « presse, grands moyens, supports, médiateurs/entremetteurs », « on sait, on sait, on le sait, on prétend même le savoir », « tout travaille à plonger », etc.

L'organisation lexicale du texte, qui dresse un tableau antithétique des victimes du mal et de ses propagateurs, correspond bien à une argumentation de type polémique, – que la thèse de l'auteur soit fondée ou non.

Remarquons que le titre que nous avons donné à ce passage est en réalité le titre du livre dans son ensemble : *Le Bonheur conforme*. Cet extrait est en réalité le début de l'introduction : l'auteur veut ici frapper les premiers coups ; il prendra ensuite un ton plus posé pour fonder sa thèse en analysant le discours publicitaire.

Q2 *Comment l'auteur tente-t-il d'impliquer le lecteur pour le faire adhérer à sa dénonciation?* (2 pts).

Pour entraîner le lecteur à partager son point de vue, l'auteur doit lui faire sentir que le combat qu'il mène leur est commun ; l'un et l'autre sont victimes du même mal, commis par le même adversaire.

L'emploi des pronoms est ici essentiel. Le « nous » domine, il est même justifié par l'auteur : « il ne s'agit pas de se pencher sur (la masse) pour se sentir au-dessus : nous sommes la masse ». Dire « je », ce serait jouer à l'intellectuel qui dénonce l'aliénation des autres ; dire « nous », c'est les rejoindre et les appeler à se sentir une véritable collectivité menacée. En parlant du sein même de la masse, l'auteur présente son combat comme démocratique.

Le « nous » est parfois relayé par le « on » : « on n'échappe pas au Club Méditerranée », « on doit continuer de dénoncer ce qui persiste à nous détruire ». Cette équivalence doit être soulignée et interprétée judicieusement, car il arrive que l'emploi du « on » ait une valeur autre, signifiant au contraire « ils, les autres, ceux qui sont contre nous ». C'est le cas de la seconde série d'emplois du « on », où cette fois « on » (les publicitaires) et « nous » (les victimes) sont placés en opposition : « on sait où nous prendre, on sait quand nous devenons des cibles idéales ». Le locuteur renforce ici le « nous » en lui opposant une communauté ennemie (le « on » représentant l'ensemble des experts qui étudient « nos » défaillances critiques).

Le lecteur est aussi impliqué par l'évocation des diverses catégories sociales décrites comme victimes. Il est censé avoir l'expérience du métro, de la rue ou de la route, de la télévision. Il est ainsi invité à se reconnaître dans l'individu du métro ou l'homme de la rue qui sont environnés d'affiches, comme aussi dans le téléspectateur irrité par la multiplicité des spots publicitaires, qui entrecoupent les programmes. Le citoyen-fait-masse, c'est lui ; son expérience quotidienne, décrite par l'auteur, l'oblige donc à se sentir concerné par le combat anti-publicitaire.

Q 3 *Relevez trois ou quatre figures de rhétorique destinées à emporter la conviction du lecteur. Y a-t-il dans ce texte des effets oratoires?* (3 pts).

La première phrase du texte contient une figure de rhétorique qu'on appelle **le paradoxe** (*cf.* p. 46). Une idée reçue veut en effet que la publicité égaie le métro et euphorise la triste condition du parisien fatigué. L'auteur renverse totalement cette opinion courante, en affirmant de façon péremptoire que le « pire ennui » du métro est d'imposer aux gens un rêve de faux bonheur aussi aliénant que la réalité quotidienne. Ce qui paraît une évasion est une autre forme de prison, le bonheur *conforme*.

Une antithèse achève le premier paragraphe : « on doit continuer de dénoncer ce qui persiste à nous détruire ». L'opposition entre la riposte (dénoncer) et l'agression (détruire) est soulignée par le parallélisme étudiée des deux parties de la phrase : continuer de dénoncer//ce qui persiste à nous détruire. Cette antithèse annonce en réalité la grande opposition qui court tout le long du texte entre le camp des victimes (qui doivent se révolter) et le camp des agresseurs (qui ne désarment pas), comme on l'a vu dans la question n° 1.

Les anaphores sont éloquentes. La série des « nous sommes » rythme le second paragraphe : elle permet d'une part de passer en revue les différents domaines dans lesquels la masse des citoyens est en proie à la publicité ; elle sert d'autre part à produire un effet de gradation qui entraîne le lecteur et le dispose à accepter les généralisations finales. Même effet de gradation dans la série des « on sait » : « on sait où nous prendre, on sait quand nous devenons des cibles idéales. On le sait biologiquement, psychologiquement, sociologiquement. On prétend même le savoir scientifiquement ».

Sans qu'on puisse parler d'**hyperbole** au sens précis, on peut déceler dans ce texte une certaine propension à l'exagération, par l'emploi de formules absolues : « personne n'échappe » (vraiment ?), « tout travaille à plonger » (tout ?), « il n'aura plus qu'à » (à ce point ?), « ceux qui tentent d'échapper [...] seront fichés par ordinateur » (en sommes-nous là ?).

Les effets oratoires se superposent souvent aux procédés rhétoriques. L'antithèse ressort à l'aide d'un parallélisme étudié. L'anaphore établit une gradation du souffle en même temps que du sens, ce qui n'exclut pas des fins de phrases plus courtes (les clausules), qui donnent un caractère achevé, définitif, aux formules éloquentes. Signalons par exemple le mouvement croissant puis décroissant de cette phrase en trois temps : « Nous sommes les heureux de Panurge/les citoyens-faits-masse dont les flashes publicitaires rythment désormais le film de la vie/et en normalisent le sens » Le rythme ternaire est souvent employé pour ordonner de tels mouvements, par exemple ; « La grande hébétude de la cité est la chance de la publicité/, le lieu de son action,/l'alibi de son euphorie.» Et encore : « On le sait biologiquement,/psychologiquement,/sociologiquement ».

Q 4 *Expliquez dans leur contexte le sens des mots ou expressions (2 pts) :*
– « *extraversion* » (l. 11);
– « *le champ publicitaire tient lieu de champ de conscience* » (l. 14-15);
– « *les heureux de Panurge* » (l. 18-19) ;
– « *en normalisent le sens* » (l. 20-21).

– « *L'extraversion* » est la tendance à se tourner vers le monde extérieur, à se centrer sur les choses ou sur les autres. Elle s'oppose à l'introversion, tendance à se centrer sur soi, sur son monde intérieur. Dans le texte, c'est l'état de permanente extraversion suscité par les affiches publicitaires qui est condamné, en ce qu'il empêche toute vie intérieure ou toute distance critique vis-à-vis des messages publicitaires, que l'individu est obligé d'absorber.

– La formule « *le champ publicitaire tient lieu de champ de conscience* » est éclairée par l'explication précédente. L'auteur met en vis-à-vis d'un côté le « champ publicitaire », l'ensemble des signaux, des affiches, des messages qui occupent le champ (externe) de la rue et, de l'autre côté, ce que devrait être la vie intérieure de l'individu – ses sentiments, ses idées propres, sa conscience. Selon lui, le champ externe des publicités a envahi l'espace intérieur de l'individu ; celui-ci n'a plus de conscience personnelle, plus d'autonomie, plus d'intériorité.

– La formule « *les heureux de Panurge* » renvoie à l'expression « les moutons de Panurge ». Il s'agit d'une référence culturelle pastichée : Panurge est un héros de Rabelais, extrêmement rusé ; pour se venger d'un marchand qui l'a trompé, il se sert de l'instinct grégaire : il jette un mouton à la mer et tout le troupeau se précipite dans l'abîme. Depuis cet épisode, on qualifie de « moutons de Panurge » les individus conformistes que leur conformisme peut entraîner dans les pires dangers. Ici, les « heureux de Panurge » désignent les victimes de la publicité, heureuses d'un bonheur « conforme » qui les abêtit et que les moyens d'action publicitaires risquent d'imposer à la collectivité.

– « *En normalisent le sens* ». La phrase citée énonce l'idée que les flashes publicitaires « normalisent » le sens de notre vie. Le verbe *normaliser* a d'abord un sens technique : normaliser une installation électrique, par exemple, c'est la rendre conforme aux normes, aux exigences de sécurité. Mais le verbe a aussi un sens idéologique : normaliser les comportements ou les opinions des gens, c'est leur imposer une conduite ou une « philosophie » dominante, sous la surveillance minutieuse des autorités (morales ou politiques). La « normalisation » des esprits et des attitudes politiques fut tristement célèbre en ex-URSS. Dans ce texte, l'emploi du verbe normaliser rejoint ce sens : la publicité omniprésente est accusée de faire la police des esprits, d'imposer aux citoyens un « sens de la vie » et un « bonheur » factices axés sur la consommation. Ceci est confirmé par le sous-titre de l'ouvrage de F. Brune, « Essai sur la normalisation publicitaire ».

 3 – ESSAI GÉNÉRAL
(assez difficile)

« Fidélité », Alain

1   Quand on veut dire qu'il y a de la volonté dans l'amour, tous résistent, d'après l'antique idée d'une fatalité des passions. En quoi il y a du vrai ; car on ne choisit pas d'aimer ou non, ni d'aimer tel ou telle. Mais il faut dire que l'idée d'une
5 volonté qui choisit est une idée de professeur. On ne choisit point de naître, ni évidemment ses parents. Aussi le bon vouloir, le vrai vouloir, est de partir de là, et de développer ce qui se montre. Ainsi pour l'amour, il dépend de chacun de le mener à bonne fin, comme on élève un enfant chéri. Car on ne choi-
10 sit pas non plus ses enfants ; mais ce n'est pas une raison pour les accepter comme on accepte la pluie ou la grêle.

L'amour fatal plaît au premier moment. Mais le développement de cette maladie d'après l'idée qu'on n'y peut rien fait voir plutôt offense qu'offrande. Imaginez ce discours de l'amoureux hypocondriaque : « Je suis bien forcé de dire que je vous aime, et je ne puis faire autrement. J'ai cherché vainement quelque symptôme annonçant la guérison, mais je n'en trouve point. Voici donc l'hommage que je vous fais. Je suis lié à vous par une nécessité de nature ; je voudrais me délier, et je ne puis. Je ne vous promets rien, sinon de joyeusement fuir dès que je le pourrai.» Ce discours est en vérité injurieux ; il enferme autant de haine que d'amour. Aussi trouve-t-on les effets de ce mélange dans le jeu des passions. Mais ce n'est point sentiment. Nous ne trouvons encore ici que deux ennemis qui se guettent. Et puisque l'âge les dépouille jour après jour d'un peu de ce pouvoir magique, on voit se produire ce jeu cruel, où chacun essaie un peu tous les jours la corde qu'il tient et la corde qui le tient. C'est à qui s'enfuira le premier.

[…] En toutes choses, les hommes s'usent souvent à penser cette faible idée: « J'ai mal choisi ; cela est sans remède, et c'est tant pis pour moi.» L'idée juste est au contraire que tous les choix sont mauvais si l'on s'abandonne, mais qu'ils peuvent tous devenir bons par le bon vouloir. Nul ne choisit son métier par de bonnes raisons, puisqu'il faut choisir un métier avant de le connaître. Nul ne choisit non plus ses amours. Mais c'est la fidélité qui sauve le choix, ici comme là. Il faut choisir d'être fidèle ; il faut choisir de rendre le choix bon. Il y a peut-être des romanciers qui s'aperçoivent, à l'exécution, que le sujet qu'ils ont choisi n'est pas beau. Et certes il est bien facile de se prouver à soi-même qu'un sujet est mal choisi ; mais aussi cela ne conduit à rien. Alors on n'écrit point. Car il n'y a pas de beaux sujets ; il faut les rendre beaux par la fidélité. Il n'y a pas peut-être une seule pensée qui ne soit déception, si l'on attend qu'elle se développe, et si on la regarde danser. Il n'y a pas une seule pensée qui ne nous paie de nos peines, si nous la suivons généreusement. Ainsi il n'y a pas sans doute un seul amour qui ne puisse devenir grand et beau si l'on en jure ; et le plus bel amour ne va pas loin si on le regarde courir. Mais plutôt il faut le porter à bras, comme un enfant chéri.

Alain, *Propos*, du 5 février 1926.

QUESTIONS D'ANALYSE ET CORRIGÉS

Q1 *Essayez de définir la nature ou la tonalité de ce texte. Vous pouvez choisir parmi les divers qualificatifs suivants : injonctif, informatif, polémique, didactique, lyrique, moraliste, philosophique, ironique, ou d'autres encore. Justifiez votre réponse.* (2 pts).

Nous pouvons procéder par élimination. Ce texte n'est pas un texte injonctif : il n'ordonne rien au lecteur ou à l'interlocuteur, il ne cherche pas à nous dicter notre conduite par des impératifs directs. Il n'est pas davantage informatif : l'auteur n'écrit pas pour nous communiquer des précisions sur des faits réels présents ou passés. La tonalité polémique est également absente : personne ici n'est attaqué ou défendu ; le locuteur ne s'en prend pas à des organisations ou à des systèmes. On décèlera tout juste une pointe d'ironie dans le discours de l'amoureux ombrageux (« Je vous promets de joyeusement fuir ») et une légère teinte de lyrisme dans les anaphores finales (l'auteur se plaît à reprendre, comme un refrain, l'idée qui lui est chère) : ces éléments partiels confirment simplement que la tonalité d'un texte est rarement d'une uniformité totale.

Bien qu'il s'agisse là d'un texte d'idées, on récusera aussi l'adjectif « philosophique », qui supposerait l'emploi de concepts ou de termes spécifiques de la langue philosophique. Nous en arrivons ainsi au mot « didactique », qui caractérise toute forme de discours qui cherche à instruire : l'auteur désire nous faire réfléchir sur la notion de fidélité, à un niveau très général. Mais comme son enseignement est un enseignement moral, centré sur la conduite de la vie, nous adopterons plutôt le mot « moraliste ». La tonalité moraliste de ce texte est attestée par les fréquentes généralisations sur l'existence des hommes (« En toutes choses, les hommes s'usent souvent à penser »), par l'autorité avec laquelle Alain distingue le vrai du faux (« En quoi il y a du vrai ») ou le bien du mal (« Tous les choix sont mauvais si l'on s'abandonne »/« Le bon vouloir, le vrai vouloir, est de »), par l'abondance des « il faut »

(« il faut choisir d'être fidèle/il faut les rendre beaux/il faut le porter à bras »). Sous la forme libre de « Propos » (qui font penser à une aimable conversation), c'est un discours moral que l'auteur nous adresse.

Q2 *Dites, pour chacune des phrases suivantes, si elle correspond à la pensée d'Alain ; si ce n'est pas le cas, précisez en quoi elle(s) diffère(nt). (2 pts).*

– « La volonté n'a aucun rôle en amour » ;
– « La volonté joue un rôle essentiel dans le sentiment amoureux » ;
– « Nous sommes impuissants devant nos choix » ;
– « Nous ne choisissons pas librement notre métier » ;
– « Il y a deux niveaux dans l'engagement amoureux : l'un, involontaire, qui consiste à choisir telle ou telle personne ; l'autre, dépendant de notre liberté, qui consiste à faire grandir cet amour par la fidélité ».

– « *La volonté n'a aucun rôle en amour* ». Faux. Alain estime le contraire. Une fois qu'un amour se montre, « il dépend de chacun de le mener à bonne fin. » Seul le « bon vouloir » peut l'aider à « devenir grand et beau ».

– « *La volonté joue un rôle essentiel dans le sentiment amoureux* ». C'est inexact au départ, puisque le sentiment amoureux naît involontairement : « On ne choisit pas d'aimer ou non, ni d'aimer tel ou telle ». Par la suite, une fois le sentiment né, la volonté peut jouer un grand rôle, celui de « mener à bonne fin » cet amour (voir phrase précédente).

– « *Nous sommes impuissants devant nos choix* ». Inexact. Nous avons le pouvoir de rendre nos choix bons par « le bon vouloir », par la persévérance et la fidélité. Ce n'est pas parce que nos choix sont souvent involontaires au départ que nous ne pouvons pas les « rendre bons par la fidélité ».

– « *Nous ne choisissons pas librement notre métier* ». Parfaitement exact. « Nul ne choisit son métier par de bonnes raisons, puisqu'il faut choisir un métier avant de le connaître » : on ne choisit donc pas en connaissance de cause.

– « *Il y a deux niveaux dans l'engagement amoureux, etc.* » C'est l'idée même d'Alain. C'est l'idée dominante de son texte à propos de tous les choix : celui du métier, celui du sujet pour le romancier, celui d'une pensée pour l'homme en général. Le choix spontané, l'inspiration, l'idée première sont toujours l'effet du hasard et ne dépendent pas de notre volonté ; le travail qui suit, la fidélité, l'implication de nous-même dans l'engagement pris dépendent de notre bon vouloir et nous permettent de réussir ce que nous aurons entrepris.

Q3 *Le développement du deuxième paragraphe est-il indispensable à l'énoncé de la thèse d'Alain? Quel est son rôle dans la stratégie argumentative du texte?* (3 pts).

L'énoncé de la thèse d'Alain, que nous venons de préciser, se fait à deux niveaux dans son texte. Au cours du premier paragraphe, il parle de la fidélité en amour qui consiste, à ses yeux, à faire grandir cet amour par le « bon vouloir ». Dans le troisième paragraphe, il élargit son idée à l'ensemble des choix humains (« tous les choix sont mauvais si l'on s'abandonne, ils peuvent tous devenir bons par le bon vouloir »). Le deuxième paragraphe n'est donc pas indispensable à l'énoncé de cette thèse ; on peut à la limite le couper.

En revanche, ce deuxième paragraphe est très utile à la démonstration de l'auteur. La stratégie d'Alain consiste en effet à défendre son idée en montrant que la thèse contraire aboutit à une absurdité. Selon lui, il y a une grande part de volonté dans la (bonne) conduite de l'amour. La thèse inverse est que l'amour est une passion fatale à laquelle l'amoureux ne peut rien. Or, si tel était le cas, dit Alain, l'amoureux se trouverait dans un tel état de servitude et d'impatience, qu'il ne pourrait que haïr le partenaire dont il est l'esclave, en cherchant à le fuir. Un tel « amour » ne serait donc que « haine ». Ce ne serait plus du véritable amour. Il faut donc que le véritable amour ait une dimension de liberté et de volonté pour devenir « grand et beau ».

Ce second paragraphe est l'exemple même de ce qu'on appelle un argument a contrario ; il s'agit ici d'une forme de « raisonnement par l'absurde », par lequel on « prouve » la fausseté d'une thèse en montrant qu'elle conduit à des conséquences illogiques (l'amour ne serait plus de l'amour). À noter qu'Alain renforce ce raisonnement par un appel à l'observation, en renvoyant le lecteur au « jeu des passions », au spectacle des couples qui s'entre-déchirent comme des « ennemis », faute de s'aimer librement et volontairement.

Q4 *Recherchez dans le texte cette forme de raisonnement qu'on appelle la concession? Repérez deux ou trois autres procédés rhétoriques destinés à persuader le lecteur. (3 pts).*

La concession est effectivement utilisée par Alain au début de son propos : il concède qu'il y a une part de fatalité dans la passion amoureuse, pour mieux insister ensuite sur la part de volonté. S'il affirmait brutalement que la volonté joue un grand rôle en amour, il risquerait de heurter le sens commun qui pense que l'amour ne se commande pas. D'où le premier mouvement de sa concession : « tous résistent [à l'idée d'une volonté en amour]… en quoi il y a du vrai ». Mais il indique ensuite qu'il faut partir de cette donnée involontaire pour user du « bon vouloir » et faire grandir cet amour comme un enfant. Bien qu'ils ne soient pas formellement développés en un balancement bien symétrique, les deux mouvements classiques de la concession fondent son raisonnement : certes, l'amour ne naît pas d'un choix volontaire ; cependant, la volonté y est déterminante pour le mener à bonne fin.

L'antithèse est un autre procédé efficace, employé par Alain pour bien opposer l'attitude qu'il recommande à l'attitude qu'il déplore : « tous les choix sont mauvais si l'on s'abandonne / ils peuvent tous devenir bons par le bon vouloir » ; ou encore : « il n'y a peut-être pas une seule pensée qui ne soit déception, si l'on attend qu'elle se développe/il n'y a pas une seule pensée qui ne nous paie de nos peines, si nous la suivons généreusement ». On peut apprécier l'ordonnance de ces antithèses, dont les termes s'opposent selon des symétries étudiées.

La comparaison la plus intéressante est celle qu'Alain développe entre la croissance de l'amour et celle de l'enfant. Il s'agit d'ailleurs d'une comparaison filée, reprise en conclusion du texte après avoir été énoncée au cours du premier paragraphe. Cette comparaison sert d'abord à faire comprendre l'idée d'Alain, en usant de l'analogie : de même qu'on ne choisit pas son enfant – mais ce n'est pas une raison pour l'accepter comme tel (il faut l'élever), de même on ne choisit pas son amour – mais ce n'est pas une raison pour le laisser courir (il faut développer ce qui se montre, le porter à bras, le faire devenir grand et beau). Cette comparaison a aussi pour effet de toucher le lecteur : elle joue le rôle d'une métaphore naturelle, et non pas seulement d'un argument. On résiste difficilement à l'image d'un enfant chéri qu'il faut savoir porter. Le désir d'avoir un enfant étant naturel dans un couple, l'idée que l'amour même de ce couple, la communion qu'il entreprend, est son premier enfant, a quelque chose d'émouvant.

Nous noterons enfin les **anaphores** qui permettent à l'auteur de persuader par l'insistance de ses reprises, d'imprégner peu à peu le lecteur de ses propos : « Nul ne choisit son métier... Nul ne choisit non plus ses amours » ; « Il n'y a pas... Il n'y a pas peut-être une seule pensée qui... si on... Il n'y a pas une seule pensée qui... si nous... Il n'y a pas sans doute un seul amour qui... si l'on ». Ces anaphores ont aussi pour effet le lier, dans un bouquet final, les différents domaines dans lesquels Alain a puisé ses exemples pour établir sa conception de l'engagement.

- **Les travaux d'écriture** (Comparez l'argumentation d'Alain à celle de Don Juan faisant l'éloge de l'inconstance (*Dom Juan*, acte I, scène 2) seront traités dans la seconde partie de l'épreuve p.107.

4. ESSAI POLITIQUE
(essai difficile)

« Égalité et perfectibilité », Tocqueville

L'égalité suggère à l'esprit humain plusieurs idées qui ne lui seraient pas venues sans elle, et elle modifie presque toutes celles qu'il avait déjà. Je prends pour exemple l'idée de la perfectibilité humaine, parce qu'elle est une des principales que puisse concevoir l'intelligence et qu'elle constitue à elle seule une grande théorie philosophique dont les conséquences se font voir à chaque instant dans la pratique des affaires.

Bien que l'homme ressemble sur plusieurs points aux animaux, un trait n'est particulier qu'à lui seul : il se perfectionne, et eux ne se perfectionnent point. L'espèce humaine n'a pu manquer de découvrir dès l'origine cette différence. L'idée de la perfectibilité est donc aussi ancienne que le monde ; l'égalité ne l'a point fait naître, mais elle lui donne un caractère nouveau.

Quand les citoyens sont classés suivant le rang, la profession, la naissance, et que tous sont contraints de suivre la voie à l'entrée de laquelle le hasard les a placés, chacun croit apercevoir près de soi les dernières bornes de la puissance humaine, et nul ne cherche plus à lutter contre une destinée inévitable. Ce n'est pas que les peuples aristocratiques refusent absolument à l'homme la faculté de se perfectionner. Ils ne la jugent point indéfinie ; ils conçoivent l'amélioration, non le changement ; ils imaginent la condition des sociétés à venir meilleure, mais non point autre ; et, tout en admettant que l'humanité a fait de grands progrès et qu'elle peut en faire quelques-uns encore, ils la renferment d'avance dans certaines limites infranchissables.

Ils ne croient donc point être parvenus au souverain bien et à la vérité absolue (quel homme ou quel peuple a été assez insensé pour l'imaginer ?), mais ils aiment à se persuader qu'ils ont atteint à peu près le degré de grandeur et de savoir que comporte notre nature imparfaite ; et, comme rien ne remue autour d'eux, ils se figurent volontiers que tout est à sa place. C'est alors que le législateur prétend promulguer des lois éternelles, que les peuples et les rois ne veulent élever que des monuments séculaires et que la génération présente se charge d'épargner aux générations futures le soin de régler leurs destinées.

À mesure que les castes disparaissent, que les classes se rapprochent, que les hommes, se mêlant tumultueusement, les usages, les coutumes, les lois varient, qu'il survient des faits nouveaux, que des vérités nouvelles sont mises en lumière, que d'anciennes opinions disparaissent et que d'autres prennent leur place, l'image d'une perfection idéale et toujours fugitive se présente à l'esprit humain.

De continuels changements se passent alors à chaque instant sous les yeux de chaque homme. Les uns empirent sa position, et il ne comprend que trop bien qu'un peuple, ou qu'un individu, quelque éclairé qu'il soit, n'est point infaillible. Les autres améliorent son sort, et il en conclut que l'homme, en général, est doué de la faculté indéfinie de se perfectionner. Ses revers lui font voir que nul ne peut se flatter d'avoir découvert le bien absolu ; ses succès l'enflamment à le poursuivre sans relâche. Ainsi, toujours cherchant, tombant, se redressant, souvent déçu, jamais découragé, il tend incessamment vers cette grandeur immense qu'il entrevoit confusément au bout de la longue carrière que l'humanité doit encore parcourir.

On ne saurait croire combien de faits découlent naturellement de cette théorie philosophique suivant laquelle l'homme est indéfiniment perfectible, et l'influence prodigieuse qu'elle exerce sur ceux mêmes qui, ne s'étant jamais occupés que d'agir et non de penser, semblent y conformer leurs actions sans la connaître.

A. de Tocqueville (1805-1859), *De la Démocratie en Amérique II* (1840) (Première partie, chapitre 8).

QUESTIONS D'ANALYSE ET CORRIGÉS

Q1 *Expliquez le sens du mot « perfectibilité » (par rapport à « perfection »). Justifiez ce sens par des expressions du texte.* (2 pts).

– « *Perfectibilité* » et « perfection » ont tous deux la même origine : le latin « perfectus » qui signifie « parfait ». Par rapport à « perfection », le mot « perfectiblité » possède un suffixe (« perfectible », d'où « perfectibilité ») de sens potentiel, c'est-à-dire qui exprime la possibilité. Il s'agit de rendre, ou d'être rendu, plus « parfait ». La perfectibilité désigne donc le fait de pouvoir être amélioré ou de pouvoir s'améliorer. Dans le texte, l'auteur utilise, comme équivalent du mot « perfectibilité », le groupe de mots « la faculté de se perfectionner » (lignes 22 et 52) qui a le même sens.

Pour appuyer l'idée de changement, de devenir et d'évolution qui découle du sens de « perfectibilité », le texte présente un choix de mots et d'images montrant l'homme engagé dans un processus dynamique, en mouvement et en progrès. Ces expressions sont les suivantes : « poursuivre sans relâche », « toujours cherchant, tombant, se redressant… », « il tend incessamment vers », « la longue carrière » (ici, la voie sur laquelle l'humanité s'est engagée), « doit encore parcourir ».

La perfection est un état que l'on a atteint, ou que l'on prétend avoir atteint. La perfectibilité, elle, implique une transformation, un passage d'un état à l'autre vers une amélioration. Le texte montre qu'elle est une chance pour l'homme, un but vers lequel il peut tendre, un avenir qu'il peut espérer.

Q2 *Quelles sont les deux attitudes qu'oppose l'auteur du texte ? L'auteur exprime-t-il sa préférence pour l'une d'elle ? Justifiez votre réponse.* (3 pts).

Les deux attitudes que le texte oppose sont l'immobilisme, propre aux sociétés fermées et élitistes (que Tocqueville désigne par les termes : « les peuples aristocratiques »), et le progrès, lié à l'idée de perfectibilité c'est-à-dire à la possibilité de changement et d'évolution sociale, à l'espoir d'un avenir personnel ou collectif, propre aux sociétés fondées sur l'égalité (ce caractère renvoyant implicitement aux sociétés démocratiques).

Face à ces deux modes de sociétés qu'il étudie ici, l'auteur n'exprime pas ouvertement sa préférence. Aucun verbe de jugement ou de sentiment à la première personne n'est utilisé dans le texte, par lequel il pourrait manifester directement son opinion.

Cependant, l'éloge de l'idée de perfectibilité humaine, et des sociétés qu'elle anime, transparaît à travers plusieurs indices :

● dès le 1er paragraphe qui sert d'introduction, une expression qualifie de façon valorisante l'idée de perfectibilité : « une des principales que puisse concevoir l'intelligence ». De même, dans le dernier paragraphe qui est une conclusion, l'emploi de tournures à valeur superlative (« on ne saurait dire combien de faits découlent », « l'influence prodigieuse ») traduit l'admiration de Tocqueville ;

● mais c'est surtout dans la mise en opposition des deux principes politiques à travers le lexique que se révèle la préférence de l'auteur pour la démocratie. Pour décrire les sociétés aristocratiques, l'auteur a recours au lexique du déterminisme, du fatalisme : « les citoyens sont classés », « tous sont contraints de suivre », « une destinée inévitable », « tout est à sa place ». Ce tableau des sociétés aristocratiques utilise le champ lexical de l'espace limité : « les dernières bornes de la puissance humaine », « ils la renferment », « limites infranchissables », « ils aiment à se persuader qu'ils ont atteint ». La société décrite est donc un monde figé, limité, enfermé.

Au contraire, les sociétés confiantes dans l'idée de perfectibilité humaine sont décrites à l'aide du vocabulaire du mouvement : « se mêlant », « varient », « survient », « de continuels changements se passent », « à chaque instant ». La mise en évidence des situations contradictoires comme : « disparaissent/prennent leur place », « les uns empirent/les autres améliorent », « ses revers/ses succès », construit un monde où, la diversité existant, le choix et donc le libre arbitre peuvent s'exercer. Cette liberté est également vantée à travers l'emploi de nombreux verbes dont le sujet est un individu singulier (« il ») par opposition au pluriel indifférencié (« ils ») désignant les peuples aristocratiques. La société pour laquelle Tocqueville marque sa préférence est une société mobile et entreprenante ;

● en dernier lieu, on remarque que l'auteur présente de façon dépréciative le conditionnement des esprits imposés aux sociétés aristocratiques. Il le fait à travers les termes : « chacun croit apercevoir », « ils aiment à se persuader », « ils se figurent volontiers », qui soulignent la soumission à la tradition et l'absence de remise en question ;

● la dernière phrase du quatrième paragraphe présente enfin une tonalité ironique qui renforce la dépréciation : le verbe « prétend » met en doute l'action du législateur ; « se charge d'épargner aux générations futures le soin... » présente comme un bienfait ce qui est en vérité une aliénation.

Tous ces élément permettent de dire en conclusion que Tocqueville accorde sa préférence au principe dynamique qui meut les sociétés démocratiques.

Q3 *Deux paragraphes du texte commencent par une marque de temps. Lesquels ? Quelle est la valeur d'emploi de ces indicateurs temporels ?* (2 pts).

Les deux paragraphes qui commencent par une marque de temps sont les paragraphes 3 et 5. Ces marques sont : « Quand » et « À mesure que ».

Ces conjonctions introduisent des subordonnées circonstancielles de temps. Mais elles n'ont pas seulement une valeur temporelle : les deux subordonnants sont d'ailleurs suivis du même présent, exprimant un fait permanent. Leur rôle, du point de vue de la logique de la démonstration, est de fournir un champ d'observation en introduisant la description de deux situations contraires. Ces conjonctions pourraient être remplacées par : « dans le cas où », « dans la mesure où », « en admettant que », « si », « là où ». Comme les systèmes politiques étudiés ne sont pas historiquement situés et qu'il n'y a pas apparemment de différence chronologique entre eux, ces subordonnées circonstancielles correspondent plutôt, dans le raisonnement, à deux hypothèses, à deux cas de figure.

Néanmoins, sans qu'on puisse juger si les sociétés aristocratiques appartiennent au passé et si les sociétés démocratiques les remplaceront, on doit admettre que l'emploi de la locution conjonctive « À mesure que », pour décrire les sociétés démocratiques, présente celles-ci comme une étape nouvelle de l'évolution de l'humanité. Sans le dire explicitement, Tocqueville laisse entendre que toute société évolue naturellement vers la démocratie et que l'égalité et l'idée de perfectibilité qu'elle entraîne gagneront inévitablement le monde moderne.

Mises en relation, les deux conjonctions de temps sont implicitement chargées d'indiquer que la démocratie appartient à l'avenir et au progrès.

Q 4 *Dans les paragraphes 3 et 4, quel rôle jouent dans la démonstration les lignes (20 à 34) qui vont de « Ce n'est pas que les peuples aristocratiques... » à «[...] se figurent volontiers que tout est à sa place. » ?*

Dans ce passage, l'auteur apporte une concession à sa propre thèse. Alors qu'il est en train d'affirmer que, par leurs traditions et leurs structures les sociétés aristocratiques ne laissent aucune place à l'idée de perfectibilité humaine, il semble contredire cette thèse en la corrigeant. Dans les dernières lignes du paragraphe 4, la thèse principale sera de nouveau réaffirmée.

Ce raisonnement de type concessif est identifiable grâce à certains éléments spécifiques :

● la tournure négative « Ce n'est pas que... », suivie d'une opposition. Celle-ci est ici implicite et remplacée par une ponctuation forte : «(Mais) Ils ne le jugent point... ». Cette phrase négative vient interrompre provisoirement l'énoncé de la thèse principale ;

● l'emploi de synonymes ou de modalisateurs qui nuancent le propos : « l'amélioration, non le changement », « meilleure, mais non point autre », « ils ne croient donc point être parvenus (...) mais ils aiment à se persuader qu'ils ont atteint à peu près » ;

- la tournure d'opposition concessive : « tout en admettant que... (...), ils... ». L'auteur rend compte de deux attitudes opposées tout en en atténuant le caractère contradictoire.

En utilisant cette concession dans son argumentation, Tocqueville évite le défaut du schématisme et il offre une réflexion nuancée et réfléchie. Les sociétés aristocratiques ne sont pas présentées comme rétrogrades et sclérosées ; l'auteur indique seulement qu'elles ne vont pas assez loin dans la confiance en l'évolution.

Mais cette concession, qui permet de nuancer une opposition trop radicale, sert le propos de Tocqueville. Le rôle de l'égalité dans le progrès des sociétés en sort renforcé. En prenant la précaution d'admettre certaines ressemblances, l'auteur n'en souligne que mieux la véritable différence : c'est bien l'égalité, et le progrès qu'elle entraîne, qui détermine l'opposition profonde entre les deux systèmes politiques.

Travail d'écriture possible :

Présentez de façon structurée une réfutation de la thèse ici développée par Tocqueville ; vous pourrez en particulier réfléchir aux limites que l'égalité peut imposer à la liberté de l'individu.

Il est possible de s'inspirer, pour traiter ce sujet, d'un autre texte de Tocqueville lui-même. En conclusion de son ouvrage, Tocqueville analyse en effet le danger qui menace à ses yeux les démocraties : le despotisme de la majorité (*De la démocratie en Amérique II*, Cinquième partie, Chapitre 6).

5. ESSAI CRITIQUE
(essai moyennement difficile)

Paradoxe sur le comédien, Diderot

Si le comédien était sensible, de bonne foi lui serait-il permis de jouer deux fois de suite un même rôle avec la même chaleur et le même succès ? Très chaud à la première représentation, il serait épuisé et froid comme un marbre à la troisième. Au lieu qu'imitateur attentif et disciple réfléchi de la nature, la première fois qu'il se présentera sur la scène sous le nom d'Auguste, de Cinna, d'Orosmane, d'Agamemnon, de Mahomet, copiste rigoureux de lui-même ou de ses études, et observateur continu de nos sensations, son jeu, loin de s'affaiblir, se fortifiera des réflexions nouvelles qu'il aura recueillies ; il s'exaltera ou se tempérera, et vous en serez de plus en plus satisfait. S'il est lui quand il joue, comment cessera-t-il d'être lui ? S'il veut cesser d'être lui, comment saisira-t-il le point juste auquel il faut qu'il se place et s'arrête ?

Ce qui me confirme dans mon opinion, c'est l'inégalité des acteurs qui jouent d'âme. Ne vous attendez de leur part à aucune unité ; leur jeu est alternativement fort et faible, chaud et froid, plat et sublime. Ils manqueront demain l'endroit où ils auront excellé aujourd'hui ; en revanche, ils excelleront dans celui qu'ils auront manqué la veille. Au lieu que le comédien qui jouera de réflexion, d'étude de la nature humaine, d'imitation constante d'après quelque modèle idéal, d'imagination, de mémoire, sera un, le même à toutes les représentations, toujours également parfait: tout a été mesuré, combiné, appris, ordonné dans sa tête ; il n'y a dans sa déclamation ni monotonie, ni dissonance. La chaleur a son progrès, ses élans, ses rémissions, son commencement, son milieu, son extrême. Ce sont les mêmes accents, les mêmes positions, les mêmes mouvements ; s'il y a quelque différence d'une représentation à l'autre, c'est ordinairement à l'avantage de la dernière. Il ne sera pas journalier: c'est une glace toujours disposée à montrer les objets et à les montrer avec la même précision, la même force et la même vérité. Ainsi que le poète, il va sans cesse puiser dans le fonds inépuisable de la nature, au lieu qu'il aurait bientôt vu le terme de sa propre richesse. […]

Mais quoi ? dira-t-on, ces accents si plaintifs, si douloureux, que cette mère arrache du fond de ses entrailles, et dont les miennes sont si violemment secouées, ce n'est pas le sentiment actuel qui les produit, ce n'est pas le désespoir qui les inspire ? Nullement ; et la preuve, c'est qu'ils sont mesurés ; qu'ils font partie d'un système de déclamation ; que plus bas ou plus aigus de la vingtième partie d'un quart de ton, ils sont faux ; qu'ils sont soumis à une loi d'unité ; qu'ils sont, comme dans l'harmonie, préparés et sauvés ; qu'ils ne satisfont à toutes les conditions requises que par une longue étude ; qu'ils concourent à la solution d'un problème proposé ; que pour être poussés juste, ils ont été répétés cent fois, et que malgré ces fréquentes répétitions, on les manque encore ; c'est qu'avant de dire : *Zaïre, vous pleurez !* ou, *Vous y serez, ma fille*, l'acteur s'est longtemps écouté lui-même ; c'est qu'il s'écoute au moment où il vous trouble, et que tout son talent consiste non pas à sentir, comme vous le supposez, mais à rendre si scrupuleusement les signes extérieurs du sentiment, que vous vous y trompiez.

Diderot, *Paradoxe sur le comédien*, (1773).

QUESTIONS D'ANALYSE ET CORRIGÉS

Q1 *Relevez et étudiez deux procédés (liés à l'énonciation et aux modalités de phrase) qui permettent d'impliquer le destinataire de ce discours.* (2 pts).

Comme de nombreuses œuvres de réflexion de Diderot, le *Paradoxe sur le comédien* se présente sous la forme d'un dialogue entre deux interlocuteurs. Le premier, dont nous pouvons lire le discours ici, est le porte-parole de Diderot.

Le second, celui qu'il veut convaincre, est un relais du lecteur. Le premier interlocuteur sollicite l'attention du second en l'interrogeant. On relève en effet dans le premier et le troisième paragraphes une série d'interrogations, en partie rhétoriques dans la mesure où le locuteur sous-entend la réponse (« s'il est lui quand il joue, comment cessera-t-il d'être lui ? ») ou la donne immédiatement après (« Mais quoi ? dira-t-on, ces accents si plaintifs [...], ce n'est pas le désespoir qui les inspire ? Nullement. »).

L'emploi de la deuxième personne du pluriel participe également à l'implication du destinataire. On relève notamment un impératif (« Ne vous attendez de leur part à aucune unité ») et des affirmations (« vous le supposez »/« Vous vous y trompiez ») qui sont autant d'avertissements à son adresse : l'unité de jeu de l'acteur sensible et la sensibilité de l'acteur de génie ne sont que des illusions.

Q 2 *En vous fondant notamment sur le repérage des connecteurs logiques, vous résumerez les principales oppositions qui structurent les deux premiers paragraphes du texte.* (4 pts).

Les deux premiers paragraphes du texte sont fondés sur des oppositions entre les « acteurs qui jouent d'âme » et « le comédien qui joue de réflexion ». Ces antithèses sont explicitées par trois fois par la locution conjonctive « au lieu que » (§1 : « Au lieu que, imitateur attentif... » ; §2 : « Au lieu que le comédien qui jouera de réflexion... » ; §2 : « au lieu qu'il aurait bientôt vu le terme de sa propre richesse »).

Dans le premier paragraphe sont opposées l'irrégularité des acteurs sensibles, incapables « de jouer deux fois de suite avec la même chaleur et le même succès » et la force constante des acteurs réfléchis qui s'améliorent à chaque représentation en imitant de mieux en mieux la nature pour la plus grande satisfaction du spectateur.

Cette opposition est reprise et développée dans le deuxième paragraphe : d'un côté « l'inégalité des acteurs qui jouent d'âme » et qui à force de puiser dans leur propre richesse en voient bientôt le terme ; de l'autre, l'unité du « comédien qui jouera de réflexion » et qui gagne en précision, en force et en vérité parce qu'il puise « dans le fonds inépuisable de la nature » la matière d'une imitation constante, mesurée, combinée, apprise, ordonnée dans sa tête.

On peut enfin noter qu'une opposition se dessine dans chacun de ces paragraphes entre les différents instants du jeu des acteurs qui jouent d'âme, entre la qualité de leur prestation d'un jour et la médiocrité de celle du lendemain. Ce contraste est suggéré à travers une série de termes antonymes (de sens contraire) : « leur jeu est alternativement fort et faible, chaud et froid, plat et sublime ». (§2)

Q3 *Quel est le rôle du 3ᵉ paragraphe dans la démonstration d'ensemble de Diderot ?* (2 pts).

Le troisième paragraphe expose les raisons pour lesquelles le spectacle de la passion donné par un comédien sublime n'est pas produit par « le sentiment actuel » qu'il éprouve, mais par une « longue étude » dans le cadre d'« un système de déclamation ». Cette idée, apparue dans le deuxième paragraphe, est ici détaillée dans une très longue phrase introduite par « et la preuve, c'est que… ».

Diderot développe notamment une comparaison entre le système de déclamation du théâtre et le système de l'harmonie musicale qui suppose une grande précision dans la mesure, un long apprentissage (« ils ont été répétés cent fois ») et une véritable réflexion (« ils concourent à la solution d'un problème posé »).

Dans la démonstration d'ensemble du texte, l'objectif de ce paragraphe est de détruire l'illusion du spectateur qui confond le sentiment véritable et « les signes extérieurs du sentiment ».

Q4 *Expliquez le sens du titre Paradoxe sur le comédien et recherchez une phrase du texte qui résume ce paradoxe.* (2 pts).

Un « paradoxe » est une idée qui s'oppose à l'opinion commune. Or, pour Diderot, cette opinion qui croit à la sensibilité de l'acteur sublime est une illusion. Écrire le *Paradoxe sur le comédien* revient pour lui à démontrer l'idée opposée :

le bon acteur est celui qui joue de sang-froid, qui domine sa sensibilité, qui mime les sentiments sans les éprouver. S'il y a paradoxe, c'est à l'intérieur même du jeu de l'acteur qui exprime des passions sans les vivre et dans l'esprit du spectateur qui croit à la réalité de sentiments qui ne sont que parfaitement imités.

Ces paradoxes sont résumés à la fin du 3ᵉ paragraphe : « tout son talent consiste non pas à sentir comme vous le supposez, mais à rendre si scrupuleusement les signes extérieurs du sentiment que vous vous y trompiez. »

Les travaux d'écriture relatifs à ce texte seront traités dans la seconde partie de l'épreuve p.97.

6. PRÉFACE D'UN OUVRAGE LITTÉRAIRE
(facile)

Préface de *L'Assommoir*, É. Zola

Les Rougon-Macquart doivent se composer d'une vingtaine de romans. Depuis 1869, le plan général est arrêté, et je le suis avec une rigueur extrême. *L'Assommoir* est venu à son heure, je l'ai écrit, comme j'écrirai les autres, sans me déranger une seconde de la ligne droite. C'est ce qui fait ma force. J'ai un but auquel je vais.

Lorsque *L'Assommoir* a paru dans un journal, il a été attaqué avec une brutalité sans exemple, dénoncé, chargé de tous les crimes. Est-il bien nécessaire d'expliquer ici, en quelques lignes, mes intentions d'écrivain ? J'ai voulu peindre la déchéance fatale d'une famille ouvrière, dans le milieu empesté de nos faubourgs. Au bout de l'ivrognerie et de la fainéantise, il y a le relâchement des liens de la famille, les ordures de la promiscuité, l'oubli progressif des sentiments honnêtes, puis comme dénouement, la honte et la mort. C'est de la morale en action, simplement.

L'Assommoir est à coup sûr le plus chaste de mes livres. Souvent j'ai dû toucher à des plaies autrement épouvantables. La forme seule a effaré. On s'est fâché contre les mots. Mon crime est d'avoir eu la curiosité littéraire de ramasser et de couler dans un moule très travaillé la langue du peuple. Ah ! la forme, là est le grand crime ! Des dictionnaires de cette langue existent pourtant, des lettrés l'étudient et jouissent de sa verdeur, de l'imprévu et de la force de ses images. Elle est un régal pour les grammairiens fureteurs. N'importe, personne n'a entrevu que ma volonté était de faire un travail purement philologique, que je crois d'un vif intérêt historique et social.

Je ne me défends pas d'ailleurs. Mon œuvre me défendra. C'est une œuvre de vérité, le premier roman sur le peuple, qui ne mente pas et qui ait l'odeur du peuple. Et il ne faut point conclure que le peuple tout entier est mauvais, car mes personnages ne sont pas mauvais, ils ne sont qu'ignorants et gâtés par le milieu de rude besogne et de misère où ils vivent. Seulement, il faudrait lire mes romans, les comprendre, voir nettement leur ensemble, avant de porter les jugements tout faits, grotesques et odieux, qui circulent sur ma personne et sur mes œuvres. Ah ! si l'on savait combien mes amis s'égayent de la légende stupéfiante dont on amuse la foule ! Si l'on savait combien le buveur de sang, le romancier féroce, est un digne bourgeois, un homme d'étude et d'art, vivant sagement dans son coin, et dont l'unique ambition est de laisser une œuvre aussi large et aussi vivante qu'il pourra ! Je ne démens aucun conte, je travaille, je m'en remets au temps et à la bonne foi publique pour me découvrir enfin sous l'amas des sottises entassées.

Émile Zola, Préface de L'Assommoir,
Paris, 1er janvier 1877.

QUESTIONS D'ANALYSE ET CORRIGÉS

Q1 *Citez et analysez trois procédés qui donnent à cette préface une tonalité polémique.* (3 pts).

Cette préface expose la réponse de l'auteur de *L'Assommoir* aux critiques qui ont accompagné la parution de ce roman (voir question n° 3). Le propre d'un texte polémique est de se servir des mots et de certains procédés rhétoriques pour engager un débat d'idées. La composition du texte met en évidence les tensions propres à ce débat : Zola juxtapose en effet, dès le second paragraphe, le rappel de l'accusation dont son livre a fait l'objet et sa défense immédiate. On notera également l'opposition, dans le troisième paragraphe, entre « On s'est fâché contre les mots » et « Des dictionnaires de cette langue existent pourtant… ».

Autre procédé polémique, la mise en cause des « adversaires », des critiques, sur le mode de l'ironie : l'écrivain recourt à l'antiphrase (« Ah ! la forme, là est le grand crime ! »), à l'exclamation (« Ah ! si l'on savait combien mes amis s'égayent […] ! »), à l'antithèse (« le romancier féroce, est un digne bourgeois »), à l'implicite (en employant des tournures passives ou impersonnelles ou encore le pronom « on » qui permet à Zola de faire allusion à ses détracteurs sans les nommer : *L'Assommoir* […] a été attaqué », « il faudrait lire mes romans », « On s'est fâché »).

Un moyen plus direct pour polémiquer consiste enfin à déprécier les jugements portés sur *L'Assommoir* et sur son auteur, par l'emploi de termes péjoratifs (« jugements tout faits, grotesques et odieux ») et l'hyperbole (« une brutalité sans exemple », « l'amas des sottises entassées »).

Q2 *Expliquez les expressions : « de la morale en action » (l. 15 et 16) et « un travail purement philologique » (l. 26 et 27)* (2 pts).

– « *de la morale en action* » : l'affirmation selon laquelle l'histoire racontée dans *L'Assommoir*, « c'est de la morale en action » précise l'intention de l'écrivain. Zola, dans ce roman, n'a pas voulu faire un cours théorique de morale, mais il a souhaité offrir une peinture de mœurs qui permet de comprendre, à travers les actions concrètes des personnages, « la déchéance fatale d'une famille ouvrière, dans le milieu empesté de nos faubourgs. » *L'Assommoir* n'expose donc pas des principes moraux mais cherche à révéler des réalités morales, conséquences, dans l'esprit de Zola de déterminismes[1] biologiques et sociaux : les *Rougon-Macquart* sont l'Histoire naturelle et sociale d'une famille sous le Second Empire.

– «*Un travail purement philologique.*» : la « philologie », au sens étymologique « amour du discours, des lettres », est l'étude du langage à partir de l'examen critique des textes. Dans le contexte, Zola revendique le caractère à la fois scientifique et littéraire du travail sur la langue populaire qu'il a accompli dans *L'Assommoir* en la coulant « dans un moule très travaillé ». L'adverbe « purement » est essentiel : l'écrivain, par cette restriction, se défend des accusations de grossièreté et d'indécence qui ont été portées contre son œuvre dans laquelle il voit « le plus chaste de [ses] livres ».

Q3 *À quelles accusations répond Zola dans les 2ᵉ et 3ᵉ paragraphes?* (2 pts).

Les accusations auxquelles répond Zola touchent à la fois son œuvre et sa personne.

Dans le deuxième paragraphe, l'écrivain fait allusion à des griefs concernant la forme, les mots de *L'Assommoir* accusé d'être écrit dans une langue vulgaire, ordurière (« La forme seule a effaré. On s'est fâché contre les mots »).

Un autre reproche est évoqué dans le troisième paragraphe : celui d'avoir écrit dans *L'Assommoir* un roman contre le peuple en présentant celui-ci sous un aspect négatif (« mes personnages ne sont pas mauvais »).

---

1. Déterminisme : conception philosophique selon laquelle tous les faits, tous les événements, et même les actions humaines, s'expliquent par des causes, par des lois, par des conditions antérieures qui les ont rigoureusement « déterminés ».

La dernière accusation rapportée par le romancier est *ad hominem*[1]. Certains de ses détracteurs ont vilipendé Zola en le présentant comme un dangereux révolutionnaire, un « buveur de sang », un « romancier féroce ».

De fait, le succès de *L'Assommoir*, paru en 1877, fut un succès de scandale et jamais écrivain ne fut autant caricaturé, stigmatisé, brocardé que Zola à cette occasion, la droite conservatrice l'accusant de « socialisme » et la gauche ouvriériste lui reprochant d'avoir « pour le peuple un mépris de bourgeois » (A. Ranc).

Q 4 *Dégagez les principales étapes de son argumentation dans l'ensemble du texte.* (3 pts).

L'argumentation de Zola est celle d'une défense. En dépit de ce qu'il affirme : « Je ne me défends pas, d'ailleurs », le romancier répond point par point aux principales critiques qui lui ont été adressées, qu'elles portent sur la forme ou sur le fond de son œuvre.

Le premier paragraphe de la Préface comme le dernier rappellent que *L'Assommoir* est d'abord le fruit d'un travail rigoureux et qu'il s'inscrit dans un ensemble. *Les Rougon-Macquart*, ensemble encore inachevé mais qui doit être compris et apprécié dans sa globalité : « il faudrait lire mes romans, les comprendre, voir nettement leur ensemble ».

Le deuxième argument avancé dans la défense de *L'Assommoir* est celui de son intention morale. Le deuxième paragraphe de la Préface résume cette ambition : l'écrivain a voulu éclairer, comme dans d'autres romans des *Rougon-Macquart*, une « plaie sociale », la déchéance d'une famille ouvrière, en en montrant la fatalité, à travers la progression dramatique de son œuvre.

Dans le troisième paragraphe, Zola justifie la qualité littéraire et philologique de son travail d'écrivain, en soulignant l'intérêt « historique et social » qu'il y a de faire entendre, dans sa verdeur, la langue du peuple. C'est déjà, au niveau

---

[1]. *ad hominem* : « qui s'en prend à l'homme », « dirigé contre l'homme » (locution latine). Au lieu de discuter les idées de quelqu'un, on s'attaque bassement à sa personne.

de la forme, l'argument du réalisme développé au paragraphe suivant au plan du contenu : théoricien et praticien du naturalisme en littérature, Zola insiste sur le caractère de vérité qui distingue son œuvre, qu'il refuse de voir caricaturée et réduite. Il défend ainsi ses personnages en expliquant leur déchéance par la loi du déterminisme social qui les condamne à la déchéance : « mes personnages ne sont pas mauvais, ils ne sont qu'ignorants et gâtés par le milieu de rude besogne et de misère où ils vivent. »

Zola compte enfin sur le témoignage de ses amis pour le laver des accusations de grossièreté et de férocité portées à son encontre.

Travaux d'écriture possibles :
1) Dans quelle mesure les moyens utilisés par Zola dans la défense de son œuvre vous paraissent-ils efficaces ?
2) Le principal critère pour juger une œuvre littéraire est-il selon vous sa « vérité », comme le suggère Zola dans cette préface ?

DEUXIÈME PARTIE DE L'ÉPREUVE
LES TRAVAUX D'ÉCRITURE

1. RÉSUMER/RÉFUTER

« Le pardon », J. Delumeau
(voir le texte p. 58)

TRAVAUX D'ÉCRITURE ET CORRIGÉS

T 1 *Résumez les trois premiers paragraphes du texte en 50 mots environ (4 pts).*

« La pratique du pardon, loin d'être une utopie, peut résoudre toutes sortes de conflits : au niveau familial, où la compréhension réciproque éviterait bien des drames, au niveau national, où les partis feraient bien de s'écouter mutuellement ; ou enfin au niveau international, où le choix du pardon est le seul recours contre la guerre. »

- Ce résumé compte 56 mots. Il a été préparé par la question n° 1, qui demandait de définir l'idée directrice du texte et de préciser à quels niveaux l'auteur la développe.

T 2 *Développez, en une soixantaine de lignes, une argumentation opposée à la thèse de Jean Delumeau.*

« Dans cet extrait, Jean Delumeau se livre à un éloge unilatéral du pardon. Or, l'idée de résoudre les conflits par le seul pardon n'est pas seulement un vœu pieux : elle comporte des effets pervers, dangereux, que des attitudes plus fermes, comportant menaces et ripostes, permettent d'éviter.

En effet, qu'il s'agisse des rapports entre individus ou entre États, la pratique du pardon cache très souvent des sentiments moins nobles ou des arrière-pensées. On pardonne volontiers par lâcheté, parce qu'on se sent en position de faiblesse, mais le « cœur » n'y est pas : on peut continuer de ruminer des pensées agressives, ce qui n'est ni agréable ni psychologiquement sain, et faire éclater après coup, lorsque l'occasion se présentera, une hostilité nocive à l'égard de ceux auxquels on a pourtant « pardonné ». Au niveau des États, les armistices ou traités de paix, signés avec de vigoureuses poignées de mains entre belligérants, ne sont souvent qu'un moyen cynique de réorganiser des forces militaires ou de poursuivre par des voies plus « pacifiques » des politiques d'hégémonie. En un mot, les pardons hautement proclamés ne sont souvent que de faux pardons qui n'apaisent en rien les conflits, quand ils ne les enveniment pas.

D'autre part, l'empressement à pardonner peut entraîner des effets pervers. Celui qui pardonne trop encourage souvent l'agresseur à s'enhardir dans une attitude égoïste ou violente à l'égard d'autrui. À l'inverse, des représailles mesurées peuvent rendre l'offenseur conscient de la gravité du mal qu'il fait par la gravité du mal qu'il subit : elles ont alors un rôle dissuasif. C'est ce qui explique des pratiques qui nous paraissent archaïques aujourd'hui, comme par exemple, au XVIIe siècle, l'obligation de se battre en duel pour défendre son honneur. Le code de l'honneur, en faisant de la vengeance un devoir, entendait forcer les familles, sous peine de menaces meurtrières, à se respecter mutuellement. Si l'on remonte plus loin dans l'Histoire, on se souvient que le peuple juif avait instauré, dans son système juridique, la loi du Talion : « oeil pour oeil, dent pour dent ». Ainsi, celui qui faisait le mal devait « payer » en subissant un mal semblable. La pratique du pardon, à l'époque, eût-elle été plus efficace ?

Enfin, on peut se demander si toutes les offenses, tous les crimes peuvent être effacés par le pardon, sans autre forme de procès. Les crimes contre l'Humanité par exemple, dont l'Holocauste a été le plus tragique, ne sauraient faire l'objet d'un « pardon » qui peut conduire à l'oubli. Ces crimes sont hors de proportion, semble-t-il, avec la morale qui nous est exposée dans ce texte. Il ne s'agit certes pas de cultiver un ressentiment éternel envers des coupables que la justice internationale se charge de poursuivre et de condamner ; il s'agit de pratiquer un « devoir de mémoire » et de vigilance, qui oblige à combattre fermement les idéologies ou les systèmes politiques qui ont conduit à de tels crimes.

En conclusion, si l'idéal proposé par J. Delumeau est d'une grande hauteur morale, on peut contester le caractère radical de son alternative : « ou la guerre ou le pardon ». Entre la guerre et le pardon, il y a place pour une attitude intermédiaire qui consiste, sans rechercher la violence, à ne pas oublier la gravité des crimes dont on ne veut pas le retour, et à conserver des capacités de ripostes, à l'encontre d'agresseurs éventuels.

Remarques

Ce développement appelle trois remarques.

1. Le candidat ne doit pas hésiter à argumenter, même s'il doit critiquer une thèse qui lui paraissait a priori indiscutable. Il est entendu qu'il fait un développement à sens unique. À lui de faire sentir, en faisant les nuances nécessaires, qu'il maîtrise le caractère relativement formel de l'exercice.

2. Cette argumentation partielle contribue positivement au débat : il est vrai que l'existence de représailles a un effet dissuasif contre un agresseur potentiel. En réalité, ce qu'il faut éviter c'est la vengeance spontanée qui a deux inconvénients : l'offensé se rend justice lui-même ; il le fait généralement de façon disproportionnée. Ainsi, la « vendetta » corse est-elle un engrenage sans fin qui conduit, de représailles en représailles, à des massacres. De même, le sens de l'honneur qui conduit à tuer en duel pour une injure ou un simple « soufflet » est absolument injustifiable !

À l'inverse, la « loi du Talion » est apparue à son époque comme un véritable progrès moral dans la mesure où c'était précisément une loi, des juges, et non pas l'offensé, qui faisaient acte de justice ; mais il est vrai aussi que cette loi nous paraît moralement limitée de nos jours.

3. Bien entendu, un autre travail d'écriture aurait consisté à étayer le texte de Jean Delumeau, en traitant par exemple la question suivante : « Cherchez dans l'actualité des dernières années trois ou quatre exemples qui donnent raison à la thèse du texte ; expliquez à chaque fois pourquoi ». Ce développement aurait pu se faire en montrant d'une part à quels massacres peuvent conduire les intolérances et les refus de pardon (le Rwanda, l'ex-Yougoslavie) et, d'autre part, comment de grands responsables politiques, s'élevant au-dessus des querelles passées, ont réussi à construire la paix (El Sadate tendant la main à Israël ; Nelson Mandela et Frederick De Klerk forgeant une Afrique du Sud sans « apartheid »).

2. RÉSUMER/RÉFUTER

Paradoxe sur le comédien, Diderot
(voir le texte p. 84)

TRAVAUX D'ÉCRITURE ET CORRIGÉS

T 1 *Résumez les deux derniers paragraphes en 90 mots environ.*

« Dans le jeu des comédiens livrés à leur sensibilité, le pire suit souvent le meilleur. En revanche, l'acteur qui reproduit avec l'exactitude d'un miroir les sentiments humains sera toujours vrai et progressera même dans son art. Celui-ci consiste à exprimer une passion que l'acteur n'éprouve pas, mais qu'il traduit par une justesse de ton toute musicale, un long apprentissage, une maîtrise parfaite de l'expression qui donne au spectateur l'illusion qu'il partage avec lui une émotion qui n'est que représentée. »

- Ce résumé en 89 mots a été préparé par les questions
- n°2 et 3 (pp. 86-87) qui invitaient à dégager la structure
- de ces paragraphes et leur fonction dans le parcours
- démonstratif du texte.

T 2 *Présentez, sous la forme d'un développement organisé, la réfutation de la thèse soutenue par Diderot.*

Dans le *Paradoxe sur le comédien*, Diderot soutient que le grand acteur n'éprouve aucune des émotions qu'il joue mais prouve son art dans l'expression maîtrisée des « signes extérieures du sentiment ». Cette thèse, brillamment exposée, choque non seulement l'opinion commune mais aussi celle d'acteurs et de metteurs en scène qui voient dans la disponibilité du comédien aux émotions qu'il joue un caractère essentiel de son métier. Le spectateur lui-même aimerait croire que la communion particulière qu'il ressent avec l'acteur de théâtre qui fait vivre un personnage n'est pas un leurre.

L'affirmation de Diderot selon laquelle « c'est le manque absolu de sensibilité qui prépare les acteurs sublimes » semble pour le moins péremptoire. Si l'on peut en effet admettre qu'une sensibilité qui n'est pas du tout maîtrisée peut produire un jeu irrégulier, l'absence d'émotion chez l'acteur apparaît comme une exigence excessive fondée sur des présupposés discutables : le comédien est-il en mesure d'être cette « glace », aussi exacte que froide, ce simple miroir de la nature des sentiments évoqué par Diderot ? La réflexion de l'acteur sur le personnage qu'il doit incarner n'est-elle pas avant tout une enquête sur des émotions qu'il a éprouvées ou du moins qu'il pourrait ressentir ? Ne s'enrichit-elle pas de sa capacité à les vivre ?

La séparation entre l'acteur sensible et le comédien de réflexion est, on le voit, beaucoup trop absolue. Elle surprend d'autant plus chez l'auteur du *Paradoxe* que Diderot, dans d'autres écrits, a souligné l'importance des passions dans la manifestation du génie créateur. Ainsi, dans les *Entretiens sur le Fils naturel*, il affirme notamment : « Les poètes, les acteurs, les musiciens, les chanteurs de premier ordre, les grands danseurs, les amants tendres, les vrais dévots, toute cette troupe enthousiaste et passionnée sent vivement et réfléchit peu. »

Acceptons l'idée selon laquelle le travail d'acteur mérite une longue étude mais précisons comment il peut concilier réflexion et sensibilité, technique et spontanéité.

Comme le rappelle l'un des grands metteurs en scène du XXe siècle, Stanislavski, le métier de l'acteur « se réfère entièrement à une expérience humaine vécue[1] ». Pour que le jeu de l'acteur soit vrai, il doit « penser, lutter, sentir et agir en communion avec son personnage[1] ». Pour cela, Stanislavski suggère une méthode qui utilise le subconscient, l'inspiration spontanée de l'acteur, sous le contrôle partiel du conscient, de la volonté. C'est au cours d'un apprentissage approfondi du rôle que la création consciente d'un personnage peut ouvrir la voie à l'inspiration du comédien. Il ne s'agit alors pas seulement d'exprimer la vie extérieure du personnage mais, en y adaptant ses propres qualités humaines d'« y verser toute son âme[1] ». Ce travail sur soi est à la fois psychologique et physique afin de rendre les plus fines nuances des sentiments.

Ce travail est surtout exigeant. Louis Jouvet dans ses cours d'art dramatique soulignait, en contradiction avec les théories de Diderot, le fait que la technique doit venir du sentiment. L'intelligence de l'exécution ne suffit pas. Elle ne produit qu'un résultat artificiel si l'acteur ne s'est pas suffisamment imprégné du sentiment et du personnage. Dans la pièce *Elvire-Jouvet 40*[2] inspirée par les cours de Jouvet, on voit le directeur d'acteurs faire répéter la scène 6 de l'acte IV du *Dom Juan* de Molière à une comédienne jusqu'à ce qu'elle parvienne à ne plus « truquer », jusqu'à ce que le sentiment véritablement éprouvé fasse oublier la technique.

Si l'acteur et le spectateur partagent une véritable émotion, le théâtre est bien le « pays du vrai » défini par Victor Hugo quand il y a « des cœurs humains sur la scène, des cœurs humains dans la coulisse, des cœurs humains dans la salle ». L'acteur sur scène n'est pas une froide mécanique. Le théâtre est un art collectif où se réalise « un état de com-

---

1. C. Stanislavski, *La formation de l'acteur*, 1920, Éd. Payot, 1990
2. On se reportera avec profit au texte de la pièce *Elvire-Jouvet 40* publié en 1986 aux éditions Beba.

munion » : « Tous les acteurs conscients de leur métier ont insisté sur le fait que la résonance sentimentale du public est condition de leur jeu, que l'émotion de la foule est l'air qui les soutient pour voler aux cimes de leur art. Le trac que ressentent souvent les plus grands avant le lever du rideau est fait en partie de cette inquiétude : que vaut la salle ? est-elle bien ? va-t-elle suivre ? « Vous ne savez pas, a écrit Jouvet, le frémissement voluptueux que donne l'entonnoir d'une salle de théâtre toute enduite d'humanité, cette amplification de sensibilité, cet émoi dont ne sait plus s'il est fait de tendresse ou d'horreur, lorsque le rideau se lève enfin dans le silence. » (Pierre-Henri Simon, *Théâtre et destin*, Éd. Armand Colin, 1959).

Ainsi un système de déclamation, une technique aussi parfaitement maîtrisée qu'elle soit, ne peuvent rendre entièrement compte de l'art du comédien qui doit être aussi bien senti qu'appris. Si l'étude et l'expérience apparaissent indispensables, les grands comédiens y ajoutent un enthousiasme, une fraîcheur qui ne sont pas feints et qui font oublier le plus souvent les « ficelles » du métier pour offrir le spectacle de la vie.

Remarques:

Le plan suivi dans cette réfutation comporte deux parties : la première souligne le caractère trop radical de la thèse de Diderot, la seconde développe la thèse opposée en réhabilitant le rôle de la sensibilité dans le travail du comédien. Le risque inhérent à cette réfutation aurait été de nier, dans un total renversement du point de vue, tout rôle à la réflexion et au travail de l'acteur pour ne parler que de sa spontanéité. Les analyses de Stanislavski, dans leur souci d'articuler inspiration et conscience créatrice, sont plus convaincantes. Réfuter ne consiste donc pas à caricaturer une position mais à développer avec nuance, une réflexion critique et un jugement personnel.

3. ÉTAYER, DÉVELOPPER LA THÈSE D'UN TEXTE

Émile, J.-J. Rousseau

L'homme et le citoyen, quel qu'il soit, n'a d'autre bien à mettre dans la société que lui-même ; tous ses autres biens y sont malgré lui ; et quand un homme est riche, ou il ne jouit pas de sa richesse, ou le public en jouit aussi. Dans le premier cas il vole aux autres ce dont il se prive ; et dans le second, il ne leur donne rien. Ainsi la dette sociale lui reste tout entière tant qu'il ne paye que de son bien. « Mais mon père, en le gagnant, a servi la société…» Soit, il a payé sa dette, mais non pas la vôtre. Vous devez plus aux autres que si vous fussiez né sans bien, puisque vous êtes né favorisé. Il n'est point juste que ce qu'un homme a fait pour la société en décharge un autre de ce qu'il lui doit; car chacun, se devant tout entier, ne peut payer que pour lui, et nul père ne peut transmettre à son fils le droit d'être inutile à ses semblables; or, c'est pourtant ce qu'il fait, selon vous, en lui transmettant ses richesses, qui sont la preuve et le prix du travail. Celui qui mange dans l'oisiveté ce qu'il n'a pas gagné lui-même le vole ; et un rentier que l'État paye pour ne rien faire ne diffère guère, à mes yeux, d'un brigand qui vit aux dépens des passants. Hors de la société, l'homme isolé, ne devant rien à personne, a droit de vivre comme il lui plaît ; mais dans la société, où il vit nécessairement aux dépens des autres, il leur doit en travail le prix de son entretien ; cela est sans exception. Travailler est donc un devoir indispensable à l'homme social. Riche ou pauvre, puissant ou faible, tout citoyen oisif est un fripon.

Or, de toutes les occupations qui peuvent fournir la subsistance à l'homme, celle qui le rapproche le plus de l'état de nature est le travail des mains : de toutes les conditions, la plus indépendante de la fortune et des hommes est celle de l'artisan. L'artisan ne dépend que de son travail; il est libre, aussi libre que le laboureur est esclave ; car celui-ci tient à son champ, dont la récolte est à la discrétion d'autrui. L'ennemi,

le prince, un voisin puissant, un procès, lui peut enlever ce
champ ; par ce champ on peut le vexer en mille manières;
mais partout où l'on veut vexer l'artisan, son bagage est
bientôt fait ; il emporte ses bras et s'en va. Toutefois, l'agriculture est le premier métier de l'homme : c'est le plus honnête, le plus utile et par conséquent le plus noble qu'il puisse
exercer. Je ne dis pas à Émile : « Apprends l'agriculture » ;
il la sait. Tous les travaux rustiques lui sont familiers ; c'est
par eux qu'il a commencé, c'est à eux qu'il revient sans
cesse. Je lui dis donc : « Cultive l'héritage de tes pères. Mais
si tu perds cet héritage, ou si tu n'en as point, que faire ?
Apprends un métier. »

J.–J. Rousseau, *Émile ou de l'Éducation* (1762).

TRAVAIL D'ÉCRITURE ET CORRIGÉ

T *J.–J. Rousseau déclare, dans cet extrait d'*Émile*, que: «Travailler est donc un devoir indispensable à l'homme social.» (l. 24 et 25) Peut-on réduire l'analyse du travail à cette dimension? Dans un développement construit et argumenté, vous élargirez la réflexion de Rousseau, de façon à faire l'éloge du travail, sans vous limiter aux exemples utilisés dans le texte.* (10 pts).

Dans son traité sur l'Éducation, l'*Émile*, Rousseau conseille au jeune garçon d'apprendre un métier, parce que : « Travailler est donc un devoir indispensable à l'homme social » Cette conception, encore audacieuse dans la France monarchique du XVIIIe siècle, semble, depuis, s'être généralisée. Cependant, le travail est-il seulement une nécessité économique et sociale ? Ne peut-il, de surcroît, apporter un épanouissement personnel ?

● Depuis le XVIIIe siècle, le travail est devenu une activité positive. Jusqu'à cette époque, la France monarchique possède des structures quasi-féodales, permettant à la noblesse de jouir de certains privilèges, dont celui de vivre du travail du peuple, sans travailler elle-même. Cependant, au siècle des Lumières, des voix s'élèvent, parmi les philosophes, pour dénoncer l'appauvrissement du pays, lié à ce mode de fonctionnement, et pour proposer d'autres modèles. Ainsi, Voltaire, dans ses *Lettres philosophiques*, fait-il l'éloge de l'aristocratie anglaise, qui n'hésite pas à investir dans le commerce et les manufactures, pour s'enrichir et enrichir son pays, alors que la noblesse française se borne à dépenser sans compter, pour « paraître », soutenir son rang. Dans *Jeannot et Colin*, l'un de ses contes, Voltaire illustre, d'ailleurs, les conséquences de ce mode de vie. Le héros Jeannot, devenu Monsieur de la Jeannotière, grâce à la réussite de ses parents, n'apprend d'autre activité que la danse. Aussi, lorsque la ruine survient, est-il totalement incapable d'assurer sa survie, et ne doit son salut qu'à l'intervention de son ancien ami Colin, enrichi par son travail.

● Depuis le XVIIIe siècle et l'avènement de la bourgeoisie laborieuse par la Révolution (1789), le travail s'est donc généralisé. Actuellement, il est une activité valorisée par la société. Dès que l'enfant entre à l'école primaire, son travail est évalué par les enseignants, et, éventuellement, récompensé par les parents : les appréciations distinguent le travail fourni des résultats obtenus. L'élève, puis l'étudiant, mènent leurs études dans la perspective d'un métier, et les femmes, désormais, ne font pas exception. Un adulte qui ne travaille pas, même si la responsabilité ne lui en incombe pas, est souvent considéré avec réprobation par son entourage. La plupart des séquences publicitaires utilisent, pour vanter leurs produits, des personnages qui travaillent avec joie et énergie. Enfin, à notre époque de biens manufacturés, conçus à la chaîne, on valorise l'objet artisanal, « fait-main », élaboré grâce à un travail minutieux. Notre conception rejoint donc celle de Rousseau, exposée dans *Émile* : comme lui, on reconnaît volontiers que ce qui fait la valeur d'un objet ou d'une activité, c'est la quantité et la qualité du travail investi. D'ailleurs, il existe des moyens de valoriser le travail accompli, par des promotions, primes, médailles ou distinctions honorifiques.

● Notre société apparaît donc très attachée au travail, mais c'est aussi parce qu'il est devenu une nécessité vitale. À la différence des Tahitiens, évoqués par Diderot dans *Le Supplément au voyage de Bougainville*, vivant de chasse et de pêche, les hommes modernes ont besoin de travailler pour vivre, et assurer le fonctionnement de la société. Le travail sert d'abord à des fins alimentaires ; il permet de gagner le salaire indispensable pour se procurer les biens de consommation, offerts non plus au troc, mais à l'achat. La perception d'un salaire ouvre, en outre, l'accès à des prestations sociales diverses, et permet d'aider, par les cotisations, ceux qui ne travaillent pas, ou plus. Le travail apparaît donc comme le symbole de l'insertion sociale. Mais il sert aussi, évidemment, à fabriquer des produits manufacturés, à offrir des services, à favoriser toutes sortes d'échanges, etc. Aussi le travail se trouve-t-il au centre des préoccupations des économistes et des politiques. Enfin, cette activité a une importance sociale considérable. En amenant l'individu à sortir de chez lui, à côtoyer des collègues, le travail socialise. Il apporte aussi une certaine stabilité sociale : un travailleur peut fonder une famille, faire des projets, ce qui l'insère dans la société. Alors qu'un individu sans emploi, devient souvent un marginal, que l'absence de perspectives peut conduire à toutes sortes de désordres. Le travail est donc une valeur dominante des sociétés développées, mais il favorise aussi l'épanouissement personnel. Outre les avantages matériels qu'il procure, le travail permet à l'homme d'acquérir une certaine autonomie, et de développer des qualités spécifiques.

● Le travail fait accéder à l'autonomie, en même temps qu'il modifie le rapport humain au monde. Le salaire gagné par un jeune travailleur lui assure une indépendance financière et lui donne le sentiment d'entrer dans la vie adulte. De même, la femme n'est plus contrainte, comme dans *Pot-Bouille* de Zola, de se livrer à des stratégies de séduction dégradantes, pour se faire épouser par l'homme riche qui assurera son entretien. En ce sens, le travail apporte une certaine forme de liberté. Mais il permet aussi, à l'homme, d'exercer un certain pouvoir sur le monde. Historiquement, le travail a permis à l'espèce humaine de survivre et de maîtriser la nature. À l'heure actuelle, de nombreuses activités professionnelles ont une influence sur l'homme et le monde, qu'elles transforment. C'est le cas des recherches scientifiques, qui ont permis à Pasteur, Einstein ou Marie Curie, d'associer leur nom à des découvertes majeures. Dans d'autres domaines, architectes et agriculteurs par exemple peuvent modifier considérablement des paysages. Le travail donne donc à l'homme un certain pouvoir, mais il peut aussi lui apporter un équilibre.

- En travaillant, un individu développe diverses qualités et échappe à l'ennui. Si les primitifs évoqués dans le *Discours sur l'Origine de l'inégalité* de Rousseau, étaient contraints, pour leur survie, d'acquérir de grandes qualités physiques, le travailleur moderne doit aussi faire preuve de capacités spécifiques, dans l'exercice de sa profession. Toute carrière professionnelle requiert volonté, ténacité, habileté, souplesse, résistance physique, etc. Si Pascal fustigeait le « divertissement », qui détourne de la méditation, force est de reconnaître que l'absence d'activité professionnelle conduit aussi à l'ennui. Ainsi, beaucoup de héros romantiques, oisifs, ont-ils tendance à s'adonner à la « délectation morose », en prétendant envier, comme Oberman, de Senancour, « le charbonnier » heureux qui travaille sans réfléchir. Même si cet élément n'explique pas tout, les romans de Flaubert, Maupassant et Zola, décrivent l'ennui dont sont victimes des personnages féminins voués à l'inactivité. Comme l'explique le bon vieillard turc, rencontré par Candide et ses amis, à la fin du conte de Voltaire : « Le travail éloigne de nous trois grands maux : l'ennui, le vice et le besoin. » Ce précepte sera suivi par ses visiteurs. Le travail permet donc d'emplir une vie, dont le vide pourrait pousser au désespoir ou à un libertinage vain, mais il représente aussi un moyen d'épanouissement personnel.

Un certain nombre de travaux exigent en effet un grand investissement personnel, et donnent souvent un sens à la vie. L'Amérique a permis de constituer la figure du « self made man », qui, quoique d'origine modeste, a édifié une fortune colossale, grâce à un investissement quasi exclusif dans sa profession. Des métiers comme ceux de la recherche, du domaine médical, de l'éducation procurent un but à l'existence. Un certain nombre d'individus vouent totalement leur vie à soigner ou à éduquer des populations en difficulté, en œuvrant à l'intérieur d'associations diverses. Un autre domaine où le travail permet l'épanouissement individuel est celui de la création artistique. Même si de nombreux artistes ont accrédité le mythe de l'inspiration, la plupart avouent le travail exaltant, mais aussi douloureux, nécessité par la gestation de l'œuvre. Dans *Le chef-d'œuvre inconnu*, de Balzac, le peintre Frenhofer reprend sans cesse sa toile, en de multiples « repentirs ». L'histoire littéraire nous fournit aussi l'exemple de travailleurs infatigables : Balzac, corrigeant vingt fois une première version ; Flaubert, passant cinq ans de quasi-réclusion à écrire *Madame Bovary*, et Proust, ruinant sa santé à la rédaction nocturne de *La recherche du temps perdu*. Tous ces exemples montrent que le travail peut servir un idéal, et permettre à l'individu de trouver un sens à sa vie.

La conception du travail a donc beaucoup évolué à partir du siècle de Rousseau. Conformément aux désirs de cet écrivain, le travail est désormais ressenti comme une nécessité économique et sociale des pays développés. Même si des exigences nouvelles de qualité de vie et de loisir, conduisent à reconsidérer les modalités du travail, l'homme et la femme « modernes », souhaitent travailler, et envisagent avec angoisse un éventuel chômage. Intelligemment conçu et réparti, le travail peut, en effet, socialiser, épanouir l'individu, et enrichir la société.

4. COMPARER DEUX ARGUMENTATIONS

« Fidélité » Alain (voir le texte p. 70).
« Éloge de l'inconstance » *Dom Juan,* Molière

> S'adressant à Sganarelle, son valet choqué par sa conduite, Don Juan se livre à cet éloge de l'inconstance :

« Quoi ? tu veux qu'on se lie à demeurer au premier objet qui nous prend, qu'on renonce au monde pour lui, et qu'on n'ait plus d'yeux pour personne ? La belle chose de vouloir se piquer d'un faux honneur d'être fidèle, de s'ensevelir pour toujours dans une passion, et d'être mort dès sa jeunesse à toutes les autres beautés qui nous peuvent frapper les yeux ! Non, non : la constance n'est bonne que pour des ridicules ; toutes les belles ont droit de nous charmer, et l'avantage d'être rencontrée la première ne doit point dérober aux autres les justes prétentions qu'elles ont toutes sur nos cœurs. Pour moi, la beauté me ravit partout où je la trouve, et je cède facilement à cette douce violence dont elle nous entraîne. J'ai beau être engagé, l'amour que j'ai pour une belle n'engage point mon âme à faire injustice aux autres ; je conserve des yeux pour voir le mérite de toutes, et rends à chacune les hommages et les tributs où la nature nous oblige. Quoi qu'il en soit, je ne puis refuser mon cœur à tout ce que je vois d'aimable ; et dès qu'un beau visage me le demande, si j'en avais dix mille, je les donnerais tous. Les inclinations naissantes, après tout, ont des charmes inexplicables, et tout le plaisir de l'amour est dans le changement. On goûte une douceur extrême à réduire, par cent hommages, le cœur d'une jeune beauté, à voir de jour en jour les petits progrès qu'on y fait, à combattre par des transports, par des larmes et des soupirs, l'innocente pudeur d'une âme qui a peine à rendre les armes, à forcer pied à pied toutes les petites résistances qu'elle nous oppose, à vaincre les scrupules dont elle se fait un honneur et la mener doucement où nous avons envie de la faire venir. Mais lorsqu'on en est maître une fois, il n'y a plus rien à dire ni rien à souhaiter ; tout le beau de la passion

est fini, et nous nous endormons dans la tranquillité d'un tel amour, si quelque objet nouveau ne vient réveiller nos désirs, et présenter à notre cœur les charmes attrayants d'une conquête à faire. Enfin il n'est rien de si doux que de triom-
35 pher de la résistance d'une belle personne, et j'ai sur ce sujet l'ambition des conquérants, qui volent perpétuellement de victoire en victoire, et ne peuvent se résoudre à borner leurs souhaits. Il n'est rien qui puisse arrêter l'impétuosité de mes
40 désirs: je me sens un cœur à aimer toute la terre; et comme Alexandre, je souhaiterais qu'il y eût d'autres mondes, pour y pouvoir étendre mes conquêtes amoureuses. »

Molière, *Dom Juan*, Acte I, scène 2.

TRAVAIL D'ÉCRITURE ET CORRIGÉ

T *Comparez l'argumentation d'Alain dans le texte « Fidélité » (voir ci-dessus pp. 70-71) à celle que développe Don Juan dans cet « éloge de l'inconstance ».*

À première vue, l'éloge de la fidélité pa Alain et l'éloge de l'inconstance par Don Juan se contredisent radicalement : encore faut-il savoir à quels niveaux exactement les conceptions de l'un et l'autre s'opposent et, pour cela, dégager de la tirade de Don Juan son contenu spécifique. L'énonciation de ce discours théâtral ne permet pas, en effet, de le mettre directement sur le même plan que le texte d'Alain. On ne procédera donc à la comparaison des deux argumentations qu'après avoir explicité la thèse de Don Juan dans sa réelle cohérence.

[La thèse de Dom Juan]

Alors qu'Alain est un écrivain qui parle en son nom propre, Don Juan, lui, n'a pas d'existence réelle. Il est un personnage de fiction, placé en situation théâtrale, ce qui nous

conduit à ne pas trop prendre au premier degré la nature de son argumentation :
– d'une part, il est censé s'exprimer devant son valet, Sganarelle, et par extension, devant un public qu'il désire à la fois éblouir et scandaliser ;
– d'autre part, c'est Molière qui lui prête sa rhétorique pour en faire un personnage cohérent, certes, mais aussi excessif ; sous le brio des paradoxes que le dramaturge met dans la bouche de son personnage, il nous faut voir aussi la condamnation morale du moraliste-Molière.

Ces remarques nous permettent par exemple d'éliminer de la « philosophie » de Don Juan sa prétention à conquérir toutes les belles de la terre : la comparaison de son ambition avec celle d'Alexandre le Grand est en réalité une hyperbole comique. De même, on ne prendra pas trop au sérieux l'argument moral selon lequel toutes les belles femmes ont droit d'aimer Don Juan, ce serait une injustice de le réserver à une seule d'entre elles, et il aurait le devoir suprême de « rendre hommage » à chacune (c'est-à-dire de séduire chacune) parce que la nature l'y oblige.. Il est clair que Molière s'amuse ici à inverser la morale en faisant du don juanisme une forme supérieure de charité, signifiant par là (ironiquement) qu'il s'agit d'une forme démesurée de l'égoïsme masculin.

La vraie thèse de Don Juan, dégagée des formes de son énonciation, repose sur une triple conception : de l'amour, du bonheur, et de la vie humaine.

● l'amour se réduit à un désir immédiat et limité dans le temps : on est « ravi » ou « charmé » par une beauté ; on se sent aussitôt entraîné par une « douce violence » à laquelle il faut céder (même si l'on se trouve déjà « engagé ») ; on met en œuvre une stratégie de conquête pour posséder l'objet aimé et puis... tout est fini : l'amour se limitant au désir possessif, la possession de l'objet aimé suffit à tuer l'amour et, dès lors, « tout le beau de la passion est fini ».

● Le bonheur se limite lui-même à une somme de plaisirs : plaisir d'être charmé par la beauté, plaisir de la conquête (« on goûte une douceur extrême »), plaisir de la jouissance (« la mener doucement où nous avons envie de la faire venir »), et enfin, plaisir du changement. Ce plaisir reste donc lui aussi immédiat, aussi inconstant que l'amour. C'est à la fois un plaisir de consommation (la belle, une fois « consommée », est rejetée) et un plaisir de domination : les métaphores de Don Juan illustrent clairement la nature sadique de son plaisir, plaisir de chasseur qui joue avec sa proie jusqu'à ce qu'il en soit définitivement « maître ».

● La vie humaine n'a pas de sens : elle est fondamentalement marquée par la mort, non pas seulement à la fin de la vie, mais dans chaque action que l'on entreprend. Aussi Don Juan a-t-il pour crainte suprême, en restant fidèle, d'être « mort dès sa jeunesse ». La mort est présente dans la passion amoureuse puisque celle-ci est de si courte durée : rester fidèle, ce serait donc « s'ensevelir pour toujours ». Puisque tout amour naît et meurt rapidement, la seule façon de rester jeune, c'est de recommencer sans cesse l'expérience de la naissance de l'amour. Telle est la « philosophie « du don juanisme, une forme de lutte contre le Temps.

[La confrontation avec les arguments d'Alain]

Le simple énoncé de la thèse de Don Juan montre son caractère irréductible. Don Juan ne saurait être sensible aux propos d'Alain, qui développe une philosophie toute opposée. On peut néanmoins expliciter les termes de leur opposition, en reprenant la distinction faite ci-dessus :

● la conception de l'amour : curieusement, Alain et Don Juan sont assez d'accord sur l'aspect inattendu et relativement violent de la naissance de l'amour. Le premier accepte l'idée d'une fatalité des passions (au départ), le second parle de « douce violence ». C'est dans la suite que les deux attitudes se différencient. Don Juan laisse l'amour courir à sa fin, une fois séduit l'objet aimé, alors qu'Alain recommande de « partir de ce qui se montre » pour transformer la passion naissante en amour durable. Pour Alain, il y a une différence entre le sentiment amoureux (le premier élan) et l'amour lui-même (que le couple fait grandir « comme un enfant chéri »). Il va de soi que la métaphore de « l'enfant chéri » ne peut toucher Don Juan, qui n'envisage l'amour que dans l'instant présent.

● La conception du bonheur : les deux positions sont inconciliables. À la maxime fondamentale de Don Juan — « Tout le plaisir de l'amour est dans le changement », Alain répond en quelque sorte : « Tout le bonheur de l'amour est dans la fidélité ». Alain met la joie dans la construction, dans la générosité, dans la recherche de ce qui est « beau et grand », en amour comme dans les autres formes d'expérience humaine. Il ne s'agit donc pas pour lui du plaisir de consommer ou de dominer dans l'instant. La joie d'Alain est dans l'exercice même de la volonté (du « bon vouloir »), au service de l'engagement et de la fécondité (celle du couple, celle du romancier, celle du philosophe).

● La philosophie de la vie : alors que Don Juan fuit un Temps jugé destructeur, Alain semble au contraire se servir du Temps en y exerçant la fidélité, la persévérance. Cela ne veut pas dire qu'Alain ignore la mort ou l'usure du temps : mais sa manière de lutter est d'approfondir, de construire patiemment, là où la stratégie de Don Juan est de recommencer sans cesse, de cueillir les instants avant que ceux-ci ne s'envolent. On a bien d'un côté une mentalité de cueillette ou de chasse, et de l'autre une attitude de paysan qui laboure, sème et récolte ! Impatience de consommer la vie, patience de construire la vie... tout part donc, en définitive, de la conception du monde et de l'existence qui fonde ces attitudes.

Il n'est pas question ici, de prendre parti pour l'une ou l'autre de ces thèses, même si l'auteur de ces remarques éprouve un net penchant pour la thèse d'Alain. À chacun de choisir en sachant ce qu'implique le choix opéré. On constatera simplement que chacune des deux positions peut inspirer des correctifs à l'autre. Le texte d'Alain peut contribuer à faire réfléchir « Don Juan » sur la teneur en haine que renferme l'amour fatal, sur le gâchis qu'engendre à long terme son incapacité de choisir (sans parler du risque d'être un jour piégé par une perfide « Dona Juana » !). La position de Don Juan permet inversement de mieux percevoir la rigidité possible de la thèse d'Alain, – le danger de vouloir rester aveuglément fidèle à un choix malheureux, au risque d'y perdre sa vie. La fidélité suppose la réciprocité.

Remarques :

1. La confrontation de ces deux textes aurait pu être proposée sous une forme indirecte, par des questions de type : « Les arguments d'Alain auraient-ils convaincu Don Juan ? », ou encore : « Peut-on réfuter la thèse d'Alain à l'aide des arguments de Don Juan ? ».

2. Nous avons titré les deux parties de notre développement pour faciliter le repérage du plan du corrigé. À l'examen, il n'y a pas à donner de titres : la rédaction se suffit à elle-même.

5. ANALYSER L'ARGUMENTATION

L'Appel du 18 juin 1940, Ch. de Gaulle

En mai-juin 1940, les Allemands gagnent la « bataille de France » et envahissent le pays. Le colonel Charles de Gaulle, qui s'est illustré au cours de cette bataille, a été nommé « général de brigade » à titre provisoire. Il est hostile à l'armistice. Mais l'Assemblée nationale charge le maréchal Pétain, élu le 16 juin Président du Conseil, de demander cet armistice, qui sera signé le 22 juin. Devant cette situation, De Gaulle gagne Londres dans le but d'organiser la résistance de la France à un niveau international. C'est là un acte de désobéissance aux autorités militaires, qui lui vaudra d'ailleurs une condamnation à mort par contumace, pour rébellion. Le 18 juin, à la B.B.C., il lance cet *Appel aux Français* :

1 « Les chefs qui, depuis de nombreuses années, sont à la tête des armées françaises ont formé un gouvernement. Ce gouvernement, alléguant la défaite de nos armées, s'est mis

en rapport avec l'ennemi pour cesser le combat. Certes, ̀
avons été, nous sommes submergés, par la force mécaniq̀
terrestre et aérienne, de l'ennemi. Infiniment plus que leur
nombre, ce sont les chars, les avions, la tactique des
Allemands qui nous font reculer. Ce sont les chars, les avions,
la tactique des Allemands qui ont surpris nos chefs au point
de les amener là où ils en sont aujourd'hui. Mais le dernier
mot est-il dit ? L'espérance doit-elle disparaître ? La défaite
est-elle définitive ? Non !

Croyez-moi, moi qui vous parle en connaissance de cause,
et vous dis que rien n'est perdu pour la France. Les mêmes
moyens qui nous ont vaincus peuvent faire venir un jour la
victoire. Car la France n'est pas seule ! Elle n'est pas seule !
Elle n'est pas seule ! Elle a un vaste empire derrière elle.
Elle peut faire bloc avec l'Empire britannique qui tient la
mer et continue la lutte. Elle peut, comme l'Angleterre, utiliser sans limites l'immense industrie des États-Unis.

Cette guerre n'est pas limitée au territoire malheureux de
notre pays. Cette guerre n'est pas tranchée par la bataille de
France. Cette guerre est une guerre mondiale. Toutes les
fautes, tous les retards, toutes les souffrances, n'empêchent
pas qu'il y a, dans l'univers, tous les moyens nécessaires
pour écraser un jour nos ennemis. Foudroyés aujourd'hui
par la force mécanique, nous pourrons vaincre dans l'avenir par une force mécanique supérieure. Le destin du monde
est là.

Moi, général de Gaulle, actuellement à Londres, j'invite
les officiers et soldats français qui se trouvent en territoire britannique, ou qui viendraient à s'y trouver, avec leurs armes
ou sans leurs armes, j'invite les ingénieurs et les ouvriers
spécialistes des industries d'armement qui se trouvent en
territoire britannique ou qui viendraient à s'y trouver, à se
mettre en rapport avec moi. Quoi qu'il arrive, la flamme de
la résistance française ne doit pas s'éteindre et ne s'éteindra
pas. Demain, comme aujourd'hui, je parlerai à la radio de
Londres.»

TRAVAIL D'ÉCRITURE ET CORRIGÉ

T■ *Dans un développement composé, vous étudierez les principaux moyens employés par Charles de Gaulle pour entraîner l'adhésion des auditeurs et, éventuellement, leur ralliement à son action.*

- Ce développement doit être composé comme une petite dissertation, sans titres ; cependant, nous donnons ici, entre crochets, des intitulés qui précisent les axes de l'étude.

[Introduction : la situation d'énonciation et l'enjeu historique]

Un appel est fait pour être entendu et suivi. Mais on ne suit pas n'importe qui pour faire n'importe quoi. Comme l'indique la présentation du texte, la France est défaite et les autorités du pays cherchent à obtenir un armistice que de Gaulle juge humiliant. La tâche d'un orateur qui veut galvaniser les énergies et lancer un mouvement de résistance par un simple appel à la radio est donc extrêmement délicate. Il lui faut convaincre, par des arguments sérieux, que la victoire est possible alors qu'on se trouve en pleine défaite. Il lui faut « prouver » par l'accent personnel qu'il met dans son discours qu'il est « l'homme de la situation », celui auquel on peut se fier. Étudions ces deux aspects.

[Première partie : une argumentation circonstanciée]

Au fil de son discours, l'orateur décline quatre arguments, qu'on peut dégager comme suit :

● un argument « polémique » : la critique des autorités (militaires) qui sont à la tête du gouvernement et qui, sous prétexte que l'armée est vaincue (« alléguant la défaite »), pensent que la guerre est perdue et qu'il faut se rendre à l'ennemi (en demandant l'armistice). On notera que l'aspect critique de cet argument n'est vraiment sensible que si l'on connaît le contexte historique : De Gaulle a cru devoir déserter pour continuer le combat depuis Londres ; c'est dire ce qu'il pense de la lâcheté des chefs de cette armée ; cela lui vaudra une condamnation à mort ! Tel quel cependant, le texte semble faire simplement une mise au point, un constat de la situation politico-militaire ;

● un argument « technique », essentiel ici : l'ennemi a vaincu grâce à la supériorité de ses moyens mécaniques (ses chars, ses avions) ; il n'est pas impensable de la vaincre à son tour en accumulant des forces mécaniques supérieures ; or, cela est possible si l'on parvient à mobiliser l'Empire britannique et l'industrie des États-Unis. Cet argument, préparé par l'analyse de la défaite (premier paragraphe), est développé et repris dans les paragraphes 2 et 3 ;

● un argument « politique » : la dimension de cette guerre est mondiale. Le recours à la force britannique et à la force américaine, nécessaire au plan technique, apparaît parfaitement légitime et vraisemblable si l'on analyse la situation politique générale du monde. La nature de cette guerre étant mondiale, c'est le destin du monde qui s'y joue ; il est donc impossible que les grandes puissances (l'Angleterre et les États-Unis) ne mobilisent pas leurs forces (« tous les moyens nécessaires (...) qu'il y a dans l'univers ») pour (nous) permettre un jour « d'écraser nos ennemis. » ;

● un argument « prophétique » : il s'agit de tabler sur l'espérance (« L'espérance doit-elle disparaître ? »), sur la conviction que la « flamme de la résistance française ne s'éteindra pas. » Nous définissons cet argument comme prophétique parce qu'il a trait à l'avenir et parce qu'il traduit une foi, une sorte d'ardeur sacrée. On peut sans doute se demander si le mot « argument » convient bien. L'emploi du terme serait en effet discutable ici s'il ne visait que l'aspect logique d'un contenu, d'un raisonnement. Mais si l'on considère comme « argument » une foi, un idéal susceptibles d'entraîner l'auditeur – et c'est le cas de l'image de la France que veut transmettre De Gaulle –, il s'agit bien d'un argument. On notera simplement que la force de cet argument dépendra largement des accents de l'orateur, et donc de son énonciation.

Ces arguments sont organiquement liés les uns aux autres : du niveau technique (la France n'est défaite que techniquement et provisoirement), on passe au niveau politique (la France n'est pas seule et, cette guerre étant mondiale, les grandes puissances ne peuvent que se mobiliser avec elle), puis au niveau prophétique (quoiqu'il arrive, la France gardera sa flamme).

Pour mettre en valeur cette argumentation, l'orateur emploie naturellement quelques procédés rhétoriques, parmi lesquels :

● **la concession :** « Certes, nous sommes submergés par la force mécanique... Mais le dernier mot est-il dit ? » ;

● **des questions oratoires :** « L'espérance doit-elle disparaître ? La défaite est-elle définitive ? Non ! » ;

● **l'anaphore,** marquant la progression de l'idée : « Cette guerre n'est pas limitée au... Cette guerre n'est pas tranchée par... Cette guerre est une guerre mondiale. »

● **l'antithèse,** qui souligne les oppositions entre la défaite (provisoire) et la victoire (future) : « Les mêmes moyens qui nous ont vaincus peuvent faire venir un jour la victoire » ; ou encore, selon une belle symétrie des termes antithétiques : « Foudroyés aujourd'hui par la force mécanique, nous pourrons vaincre dans l'avenir par une force mécanique supérieure. »

[Deuxième partie : un homme en situation historique]

L'argumentation qui constitue la base de cet appel ne suffirait pas à entraîner l'adhésion de l'auditeur si l'homme qui le prononce n'apparaissait pas crédible dans l'engagement même de sa personne, face à la gravité de la situation. Consciemment ou non, le locuteur donne donc une image de lui-même et de sa relation avec les citoyens qui l'écoutent, en jouant de toutes les possibilités de l'énonciation.

Celle-ci apparaît d'abord à travers ce qu'on pourrait appeler les indices de l'historicité, c'est-à-dire les précisions de lieu et de temps qui marquent l'importance historique de la situation :

● L'orateur parle à « la radio de Londres » ; il parle en direct (« actuellement à Londres », « demain comme aujourd'hui, je parlerai »). Ces indications sont capitales : d'une part, parce qu'il invite les officiers, les soldats, les ingénieurs, les ouvriers à le rejoindre en ce lieu précis ; d'autre part, parce que ce lieu d'où il parle, le territoire britannique, souligne le fond de son argumentation : alors que la France est occupée, l'Angleterre est bien libre, son Empire continue la lutte, une lutte désormais mondiale, (et non pas limitée au territoire français).

● L'orateur insiste vigoureusement sur le moment présent où il parle, d'une part pour opposer la situation historique actuelle aux perspectives d'avenir (l'aujourd'hui de la défaite s'oppose au demain de la victoire « un jour... dans l'avenir »), d'autre part pour prendre date et inscrire son action personnelle dans ces perspectives d'avenir (« Moi qui vous parle et vous dis que,/Moi, actuellement à Londres/, /Demain comme aujourd'hui, je parlerai »). Il y a superposition de deux présents : le présent de la défaite française, au moment où le gouvernement s'apprête à pactiser avec l'ennemi ; le présent, beaucoup plus précis, de l'heure où De Gaulle lance son Appel pour inverser le cours de l'histoire, c'est-à-dire un présent qui n'est plus l'aboutissement du passé mais le début d'un avenir.

Ayant inscrit sa parole dans la situation historique, l'orateur va l'authentifier en lui conférant le poids de sa personne. On peut à ce sujet distinguer deux aspects du « moi » de De Gaulle, deux aspects liés, complémentaires, dont chacun contribue à renforcer l'autre : le **« moi » acteur** (le général, celui qui a l'expérience de la guerre et parle « en connaissance de cause ») et le **« moi » orateur** (le locuteur en train de parler, celui qui par sa seule parole est chargé de faire croire au mérite du « moi » acteur au point d'insister sur sa propre parole en train de se développer (« Croyez-moi, moi qui vous parle et vous dis que »). Tantôt, le locuteur est au service de l'homme d'action (Croyez-moi, moi qui vous parle ; demain comme aujourd'hui, je parlerai »), et l'on peut dire que toute l'allocution répond globalement à cet objectif. Tantôt, c'est l'homme d'action qui est au service du locuteur (Croyez-moi, moi qui vous parle en connaissance de cause ; Moi, général de Gaulle, j'invite, je parlerai).

● Cette distinction n'est pas inutile si l'on se réfère au fait que De Gaulle n'était alors nommé « général de brigade » qu'à titre provisoire et que sa « rébellion » face aux autorités officielles ne pouvait qu'entraîner sa dégradation. Lorsqu'il s'affirme « Moi, général de Gaulle », l'orateur se confère pour convaincre un rang militaire dont il ne jouit plus officiellement. D'un côté, ce grade renforce son discours ; inversement, le discours vient confirmer l'existence de ce grade. Ainsi, toutes les expressions du « moi » gaullien, dans cette allocution, servent sa stature et disposent le citoyen à lui faire confiance. Encore faut-il, pour parfaire cette relation, impliquer les auditeurs dans le discours qui leur est adressé, les mobiliser, les interpeller – au point de déterminer certains d'entre eux à se rallier à l'action proposée.

La présence des auditeurs est bien entendu manifestée par l'emploi de la seconde personne du pluriel : *croyez-moi*, moi qui *vous* parle, et *vous* dis, etc. Notons tout de suite que ce « vous » n'est pas distant, et qu'il est même dans la phrase étroitement lié au moi locuteur (croyez-moi/moi qui vous) : c'est une relation forte que recherche l'orateur. D'autre part, la première personne du pluriel, qui inclut le « vous » et le « moi », permet au général de parler au nom de tous les Français : *nous* avons été, *nous* sommes, *nos* chefs, *nos* ennemis, *notre* malheureux pays, *nous* pourrons vaincre, etc. Cet emploi crée une impression de communauté nationale (déjà) regroupée autour du fondateur de la résistance : n'oublions pas que le locuteur est seul, devant un micro, à la radio de Londres ; ce n'est que par la parole qu'il peut donner l'impression à ses auditeurs (eux aussi seuls devant leur poste) de former cette communauté de citoyens.

● Le « vous » et le « nous » ne sont pas les seuls moyens d'impliquer les personnes à qui l'on parle. Les questions oratoires, même si l'orateur seul leur répond, ont évidemment un effet d'interpellation qui unit l'auditeur et le locuteur dans le même mouvement affectif : « le dernier mot est-il dit ?/L'espérance doit-elle disparaître ?/La défaite est-elle définitive ? » sont des interrogations valables à la fois pour celui qui les énonce et pour celui qui les entend ; elles rassemblent les citoyens dans une même méditation sur leur avenir.

L'appel proprement dit, qui domine le dernier paragraphe de l'allocution (Moi, général de Gaulle… j'invite… à se mettre en rapport avec moi), est évidemment une façon d'impliquer les auditeurs, par son contenu même. On remarquera d'ailleurs que l'orateur fait un inventaire très précis des citoyens qu'il « invite » à le rejoindre : officiers, soldats, ingénieurs, ouvriers qui se trouvent en territoire britannique ou qui viendraient à s'y trouver ; cette dernière indication est une invitation explicite à franchir la Manche... pour tous les Français qui se sentiraient « appelés ». La parole débouche sur une mobilisation : tous les moyens propres à un texte argumentatif ont convergé vers cet objectif.

[Conclusion : la parole et l'action]

On oppose assez souvent les paroles (des mots, des mots !) aux actes... Ce texte montre au contraire combien le discours politique, qui veut à la fois convaincre (intellectuellement) et faire agir (concrètement), peut allier le verbe et l'action.

En ce qui concerne la position du général de Gaulle en juin 1940, cette association est d'autant plus évidente qu'il n'avait que la parole pour agir. Notons d'ailleurs qu'il reprend spontanément une métaphore classique – « Le dernier mot est-il dit ? » – pour signifier « le dernier acte est-il joué ? », ce qui souligne bien cette parenté entre la parole et l'action. Mais surtout, il est remarquable que l'allocution du 18 juin s'achève sur les mots : « Je parlerai ». Cette simple invitation à écouter sa parole est précisément le premier acte de résistance publique qu'il propose aux Français. Cette parole prouve à elle seule, parce qu'elle est prononcée, que « le dernier mot n'est pas dit »...

Remarques :

1. Ce texte argumentatif montre combien la situation (historique ou non) d'énonciation est déterminante dans le commentaire. Le contexte doit souvent être connu pour qu'on puisse apprécier la portée du texte (et notamment certains effets implicites, comme par exemple l'aspect polémique du début de l'allocution).

2. En ce qui concerne la méthodologie de l'étude, on peut constater ici que la seconde partie de l'épreuve revient à faire une analyse méthodique (lecture méthodique ou commentaire composé) du texte – étant entendu qu'on se

- centre alors sur la seule appréciation de l'efficacité argumentative du texte. Il va de soi que la première partie de l'épreuve aurait largement préparé ce travail, en faisant faire aux candidats un recensement précis des arguments et des procédés stylistiques.

6. ANALYSER L'ARGUMENTATION ET LES PROCÉDÉS RHÉTORIQUES

« Le voyage », Ch. Baudelaire

- Dans « Le Voyage », dernier poème des *Fleurs du Mal*, Baudelaire médite sur l'incoercible désir d'évasion de l'être humain. Désireux d'échapper à sa condition, le voyageur rêve d'un monde idéal qu'il espère trouver quelque part sur la planète. Mais c'est en vain : la condition humaine est partout désolante. Aux « cerveaux enfantins » qui se bercent, encore d'illusions, les Voyageurs font ce terrible tableau de l'humanité :

84   « Ô cerveaux enfantins !

Pour ne pas oublier la chose capitale,
Nous avons vu partout, et sans l'avoir cherché,
Du haut jusques en bas de l'échelle fatale,
Le spectacle ennuyeux de l'immortel péché :

89 La femme, esclave vile, orgueilleuse et stupide,
Sans rire s'adorant et s'aimant sans dégoût ;
L'homme, tyran goulu, paillard, dur et cupide,
Esclave de l'esclave et ruisseau dans l'égout ;

93 Le bourreau qui jouit, le martyr qui sanglote ;
La fête qu'assaisonne et parfume le sang ;

Le poison du pouvoir énervant le despote,
Et le peuple amoureux du fouet abrutissant ;

97 Plusieurs religions semblables à la nôtre,
Toutes escaladant le ciel ; la Sainteté,
Comme en un lit de plume un délicat se vautre,
Dans les clous et le crin cherchant la volupté ;

101 L'Humanité bavarde, ivre de son génie,
Et, folle maintenant comme elle était jadis,
Criant à Dieu, dans sa furibonde agonie :
« Ô mon semblable, ô mon maître, je te maudis ! »

105 Et les moins sots, hardis amants de la Démence,
Fuyant le grand troupeau parqué par le destin,
Et se réfugiant dans l'opium immense !
– Tel est du globe entier l'éternel bulletin. »

Baudelaire, « Le Voyage »,
vers 84 à 108, *Les Fleurs du Mal*.

TRAVAUX D'ÉCRITURE ET CORRIGÉS

T 1 *Faites une analyse détaillée de l'argument de ce texte.* (4 pts).

Dans ces six strophes, Baudelaire récapitule l'ensemble des critiques qu'il adresse au genre humain, par la voix des « voyageurs ». Le contexte et l'appel à la Mort qui achève ce poème (le dernier des *Fleurs du Mal*) montrent qu'à l'évidence le poète adhère à l'argumentation des voyageurs qu'il fait parler (et qu'il se plaît à faire parler dans un style si oratoire). Résumer ce texte n'aurait guère du sens ; au contraire, l'analyser permettra d'expliciter et de préciser l'attitude de Baudelaire face à l'Humanité, aussi extrême que soit cette attitude.

L'argument dominant de ce discours est la dénonciation du Mal, dans les deux sens du terme : le Mal que l'homme fait (le « péché ») et le Mal dont l'homme souffre (conséquence du premier). Baudelaire explore les diverses formes du Mal qui marque l'Humanité, en allant sans cesse du particulier au général.

● Premier quatrain. Le thème essentiel, la « chose capitale », nous est annoncée : c'est le « péché ». Un péché sans Dieu (toute les religions sont récusées), un péché en soi, une propension fatale de l'être humain à faire le Mal (quelle que soit sa classe sociale, cf. le vers 87). Et ce péché n'est pas même agréable : il est monotone, il est ennuyeux. Aucun plaisir ne semble valoir ce que l'homme renie pour l'obtenir.

● Dès la deuxième strophe, Baudelaire précise son attaque en condamnant la nature humaine dans ses deux versions : la masculine et la féminine. La femme est avant tout narcissique : elle s'aime « sans dégoût » ; mais elle est aussi orgueilleuse (elle veut être adorée) et vile (elle aime à se soumettre comme une esclave). L'homme est avant tout égoïste et cruel : il pousse plus loin encore l'ambivalence de la nature humaine, puisque son désir de pouvoir le porte à la tyrannie alors que son besoin de servitude le rend plus docile que la femme (il est « esclave de l'esclave »). Les rapports de l'homme et de la femme ne peuvent être que tumultueux : l'une est un égout, l'autre est son ruisseau !

● Le troisième quatrain élargit la critique aux rapports sociaux. L'injustice et la cruauté règnent partout : l'ordre social n'est fait que de victimes et de bourreaux. Les puissants aiment humer le sang de leurs victimes, tandis que les opprimés se complaisent dans leur oppression. Sadisme et masochisme font donc partie intégrante du Mal et du péché. Que les peuples aiment le fouet : c'est sans doute, pour Baudelaire, ce qu'a prouvé la population française en ratifiant par plébiscite le coup d'État de Napoléon III (voir à ce propos le poème de Victor Hugo « Souvenir de la nuit du 4 », p. 149).

● La quatrième strophe dénonce l'ensemble des religions : loin d'exprimer de pures aspirations spirituelles (auxquelles le poète est sensible), elles ne sont que le produit de l'orgueil humain prétendant « escalader le ciel ». Le fait que toutes les religions soient « semblables à la nôtre » disqualifie cette dernière, le catholicisme romain. Baudelaire va plus loin, il attaque la « Sainteté » elle-même, dont la recherche est empreinte de masochisme, c'est-à-dire d'une subtile recherche de volupté dans la douleur même...

Après l'homme, la femme, l'ordre social, les religions, Baudelaire étend la condamnation à l'Humanité même, prétentieuse, pénétrée à tort du mythe du Progrès (« ivre de son génie »). L'homme tente de se faire Dieu à la place du Dieu qu'il s'était inventé à son image (*cf.* le vers 104). Or, l'Humanité se conduit aussi follement que jadis ; s'autodiviniser, n'est en réalité qu'un subterfuge pour se cacher le règne de la mort, pour oublier sa « furibonde agonie ».

À ce délire rationnel, Baudelaire préfère alors la « Démence » recherchée pour elle-même, en connaissance de cause. Il est moins « déraisonnable » de fuir les fatalités de l'existence dans le Rêve artificiel, selon lui, que de s'adonner à la frénésie illusoire du progrès. Naturellement, Baudelaire veut d'abord ici « provoquer » son lecteur : il ne croit sans doute pas que la « folie de la drogue » soit bonne en soi ; il lui importe surtout de ramener l'orgueil humain « ivre de son génie » à davantage d'humilité...

T 2 *Recensez les principaux moyens d'expression employés par l'auteur pour rendre son discours implacable.* (6 pts).

Il va de soi, et Baudelaire le sait, qu'une thématique aussi résolument pessimiste et coléreuse pourrait faire sourire le lecteur modéré. Pour happer l'attention du public, le forcer à écouter jusqu'au bout et lui procurer un certain vertige devant ce tableau, le poète va donc recourir à tous les procédés qui peuvent conférer à son texte un élan implacable. Voici quelques-uns de ces moyens stylistiques :

● **Au niveau lexical,** soulignons d'abord l'abondance et le caractère péremptoire des qualificatifs. La strophe sur la femme et l'homme est éloquente à ce sujet : sept adjectifs, tous accentués (par le rythme), portent un jugement sans appel sur la nature humaine : « vile/orgueilleuse/stupide/

goulu/paillard/dur/cupide/». Même accablement d'injures à l'égard de l'Humanité : « bavarde/ivre/folle/furibonde ». D'autre part, dans le tableau d'ensemble qu'il brosse, Baudelaire amplifie toutes les qualifications par le recours à l'absolu : il généralise sans cesse, il décrit tous les hommes, de tous temps, en tous lieux. Il parle de la chose « capitale », condamne « l'immortel » péché, transcrit « l'éternel » bulletin du monde. L'Humanité est folle « maintenant » comme elle l'était « jadis ». Tout ce que le poète évoque est valable « partout », pour « le globe entier », « du haut jusques en bas de l'échelle », dans une sorte d'éternel présent.

● **Au niveau rhétorique,** les métaphores tentent d'emporter l'adhésion du lecteur par leur force expressive, par leur couleur. La relation homme/femme est réduite à l'image d'un « ruisseau dans l'égout ». Le sang humain est assimilé à un « assaisonnement », destiné à parfumer les plaisirs de l'homme. Les religions sont ridiculisées en étant dépeintes comme « escaladant » le ciel. L'analogie entre le jouisseur dans son « lit de plume » et le saint « dans les clous et le crin cherchant la volupté » déconsidère l'orgueil puritain de ce dernier. La personnification de l'Humanité apostrophant méchamment Dieu, puis l'animalisation des hommes identifiés à un « grand troupeau parqué par le Destin » donnent une vision d'ensemble assez méprisable du genre humain. Ces métaphores, bien entendu, ne « prouvent » rien : simplement, elles entraînent le lecteur par leur vigueur spectaculaire, elles lui font « voir » les choses comme les lui montre l'auteur.

Par ailleurs, Baudelaire cultive abondamment les antithèses et les chiasmes, qui confèrent au tableau des effets de symétrie ou de contraste qui renforcent encore son caractère implacable : plus un discours semble structuré, plus il paraît vrai ou du moins convaincant. D'où les effets antithétiques : la femme contre l'homme (vers 89/92), le bourreau contre le martyr (vers 93), le despote contre le peuple (vers 95/96). Les chiasmes, fréquents chez Baudelaire, donnent souvent à l'expression un caractère architectural quasi parfait, inébranlable. On peut citer les trois vers suivants, dont les mots sont disposés grammaticalement dans l'ordre A/B-B/A :

Le spectacle ennuyeux de l'immortel péché (*vers 88*).
Sans rire s'adorant et s'aimant sans dégoût (*vers 90*).
La fête qu'assaisonne et parfume le sang (*vers 94*).

● **Au niveau oratoire** enfin, on peut mesurer combien Baudelaire puise dans les ressources du rythme et des sonorités pour conférer à son discours un aspect éloquent, voire théâtral. Les alexandrins, dont les accents sont fortement marqués, sont faits pour être entendus : il faut déclamer ces vers pour mieux se rendre compte de l'aspect « irréfutable » que leur donne leur architecture sonore, constituée de nombreuses assonances ou allitérations. Par exemple :

> Sans rire s'adorant et s'aimant sans dégoût (*an et -r*)
> Le poison du pouvoir énervant le despote (*-p et -v*)
> Et les moins sots,/hardis amants/de la Démence (*-d/-m/-an*)

Ainsi, rien n'est laissé au hasard, dans une telle prosodie. Le sens des mots et leurs sonorités sont entremêlés de telle sorte qu'ils imprègnent peu à peu le lecteur ou l'auditeur. Cela facilite considérablement la façon dont l'argument du texte pourra passer dans la conscience du public. Même dans l'absolu du désespoir, le poète veut être communicatif, et éblouir par la plénitude formelle de son discours...

BIBLIOTHÈQUE
VILLA STE-MARCELLINE

TROIS CORRIGÉS COMPLETS

- Ces corrigés n'ont pas été rédigés en temps limité : on n'exigerait pas, à l'examen, des développements aussi complets. Nous les proposons toutefois pour donner une idée de ce que peut être un devoir entièrement rédigé, qu'il s'agisse des questions ou des travaux d'écriture. Nous proposons bien sûr au lecteur de travailler sur ces textes avant de consulter nos propositions de corrigés. Notons qu'il est possible de constituer trois autres corrigés complets en regroupant les études que nous avons consacrées, dans chacune des parties, aux textes d'Alain, de J. Delumeau et de Diderot.
- On remarquera d'autre part que nous avons mis quelques titres, entre crochets, dans certains développements des travaux d'écriture, pour faciliter le repérage du plan du corrigé. Il va de soi qu'à l'examen, comme dans une dissertation, on ne met pas de titres.

1. ESSAI SOCIOLOGIQUE

Bonheur et civilisation, J. Cazeneuve

On pourrait ici reprendre la classique distinction établie par Riesman[1] entre trois étapes successives dans l'évolution générale des civilisations. Jusqu'à une époque relativement récente, c'est-à-dire surtout dans les sociétés archaïques, antiques et médiévales, marquées par une économie de pénu-

---

1. Riesman : sociologue américain, auteur de *la Foule solitaire*

rie où l'instinct grégaire et celui de la survie régnaient par nécessité, c'était la tradition qui façonnait l'idéal des individus. Chacun d'eux avait sa place dans le groupe comme l'abeille dans sa ruche, avec sa fonction, son but et, en vérité, il n'avait pas à se poser de problèmes. C'est ce même type de vie collective que Bergson[1] a bien décrite sous le nom de « société close». Dans ce contexte, on n'avait guère à se demander en quoi consistait le bonheur, ou bien si l'on avait le loisir d'y réfléchir, on ne songeait qu'à une sagesse valable pour tous et finalement à une sorte de félicité liée à l'accomplissement de la fonction sociale ou, à la rigueur, humaine telle que la voulait la société.

La seconde phase, selon Riesman, commence à l'époque de la Renaissance, et c'est elle qui se prolonge encore dans la plupart de nos pays, sauf dans ceux où, comme c'est le cas dans les régions les plus hautement industrialisées des États-Unis, la civilisation de masse fait déjà poindre la troisième étape de l'évolution. La différence entre cette seconde forme de civilisation et la première, c'est que l'économie de pénurie y est peu à peu surmontée, en même temps que la population s'accroît. Le poids de la tradition, que justifiaient l'immobilisme du groupe et sa lutte collective pour la survie, est peu à peu rejeté, et, quand on entrevoit le règne de l'abondance et de l'expansion, chacun se lance pour soi-même dans l'aventure de la vie. Bref, c'est le triomphe de l'individualisme, que le XVIIIe siècle érigera en doctrine. On comprend que les théories du bonheur y aient fleuri, aussi diverses que prometteuses. Il n'y a plus de règles rigides, plus de ligne de conduite assignée à chacun, de génération en génération, mais seulement des orientations générales données par la famille et qui laissent une bonne marge d'action pour que l'intérêt de chacun s'accommode de celui des autres; il n'y a plus une collectivité, mais des personnes qui ont à se forger leur propre impératif, leur but et leurs moyens, et à se faire leur place selon leur talent, leur ambition et leur chance. […]

---

1. Bergson : philosophe français (1859-1941).

Mais voici que commence la troisième forme de la société humaine, celle qui est au-delà du traditionalisme et de l'individualisme, celle de la masse. Dans les nations hautement industrialisées, plus particulièrement dans les très grandes villes, surtout dans le Nouveau Monde et déjà partiellement chez nous, on en voit se dessiner les traits principaux, et c'est en tout cas, si l'on en croit Riesman, vers ce type de société que nous sommes en marche. L'homme ne sera plus formé par une éducation rituelle stéréotypée comme il l'était dans les sociétés archaïques semblables à la ruche ou à la fourmilière ; il ne sera plus fortifié dans son individualité par une imprégnation familiale comme il l'était dans les sociétés des siècles derniers. Il sera une sorte de robot pensant, soumis à l'action des moyens de communication, à la télévision, à la publicité. Son caractère sera façonné non dans le foyer de ses parents mais dans le milieu social, celui des gens de même âge, de même profession. Modelé sans le savoir par une collectivité apparemment débonnaire, il sera autant que possible semblable à ses voisins, efficace et sociable, comme il se doit, et n'aura guère d'autre vocation que de se perdre dans la foule. Son idéal sera d'être intégré dans le monde moderne, d'y acquérir le confort et d'étendre ses relations. Même dans ses loisirs, il renoncera à sa personnalité et « suivra le mouvement ». Bref, la formule de l'homme heureux de demain, ce sera le conformisme. La personnalité de base, c'est-à-dire l'empreinte culturelle, est donc en train de redevenir aussi forte qu'elle l'était dans les sociétés archaïques, mais d'une tout autre manière. L'individu, en effet, n'est plus transcendé par le groupe, il n'est plus soutenu par le mécanisme des traditions et pas plus arraché à sa solitude qu'il ne l'était dans la phase individualiste ; mais en même temps il n'a plus vraiment son libre arbitre ni surtout son originalité. Il n'est ni un élément d'une totalité organisée ni un centre de décision personnelle, mais le reflet indéfiniment répété d'un être social anonyme.

Jean Cazeneuve, *Bonheur et civilisation* (1966).

QUESTIONS D'ANALYSE ET CORRIGÉS

Q1 *Quel est le sens général de ce texte? Qu'est-ce que l'auteur désire «prouver» ou simplement exposer? Vous pouvez vous appuyer, pour répondre à cette question, sur le titre de l'ouvrage, sur le ton du texte, sur certains champs lexicaux.* (3 pts)

Le titre de cet ouvrage *Bonheur et civilisation* est une indication utile : l'auteur étudie l'évolution du bonheur (ou de l'idée de bonheur) selon les types de civilisation. Mais le titre n'est pas une indication suffisante : il pourrait annoncer une thèse progressiste (le bonheur avec la civilisation) ou nostalgique (malgré la civilisation, l'homme n'est pas heureux). Or, il n'y a apparemment pas de « thèse » dans ce texte : le ton est celui du constat (on annonce trois étapes ; on décrit successivement chaque type de société ; on use du style habituel de l'exposé sociologique).

L'étude des champs lexicaux confirme le ton du texte ; les termes relatifs à la vie sociale abondent, qu'elle soit envisagée du point de vue du sujet individuel (« *idéal des individus, chacun, se lancer pour soi-même, triomphe de l'individualisme, personnes, l'homme, l'individualité* ») ou du point de vue de la collectivité (« *civilisation, sociétés, économie, groupe, fonction sociale, société de pénurie, civilisation de masse, immobilisme de groupe, lutte collective, collectivité, foule, empreinte culturelle, être social anonyme* »). Cette double série de termes s'articule autour d'une problématique, celle du bonheur, qui donne lieu à un autre réseau lexical (« *l'idéal des individus, une sagesse valable pour tous, sorte de félicité, aventure de la vie, théories du bonheur, vocation, idéal, formule de l'homme heureux* »). On constate ainsi que le texte est centré sur la dimension collective de cette notion que l'on croit en général purement individuelle : le bonheur, l'idéal de vie.

Le mouvement interne de chaque paragraphe illustre cette problématique : après l'analyse de chaque type de société, le texte débouche à chaque fois sur l'image du bonheur qui correspond à cette société. La visée d'ensemble n'est ni moraliste ni polémique (l'auteur ne cherche pas à déplorer ou à recommander telle forme de bonheur ou de société), elle est sociologique : il s'agit de décrire objectivement les relations entre structures sociales et mode de vie personnel.

Q 2 *À partir d'un recensement des annonces ou des reprises, dégagez la structure de l'ensemble de l'extrait. Que pensez-vous en particulier de la toute dernière phase du texte?* (3 pts).

Les trois paragraphes du texte correspondent précisément aux trois étapes de la civilisation (et des formes de bonheur qui leur sont liées). Ce plan est annoncé au tout début (trois étapes). Le premier paragraphe analyse dans la foulée le statut des sociétés archaïques. Une « seconde phase » est explicitement signalée au second paragraphe. Le troisième paragraphe met à son tour les choses au point : « Mais voici que commence la troisième forme de société humaine. »

Au fil du texte, cette triple distinction est rappelée. Par exemple, au début du second paragraphe, l'auteur annonce déjà la troisième phase de l'évolution, qui est en train de poindre aux États-Unis ; aussitôt, il reparle de la première phase, pour mieux définir la seconde : « La différence entre cette seconde forme de civilisation et la première, c'est que. » Pour définir la nouvelle image du bonheur, il ne cesse de l'opposer au modèle traditionnel qui précédait (« il n'y a plus de règles rigides, mais seulement des orientations générales »., « il n'y a plus une collectivité, mais des personnes qui »). Ainsi, le contenu du second paragraphe, ne cessant de faire allusion au premier, permet de bien voir la différence entre les deux premières étapes de l'évolution sociale.

Il en est de même pour le troisième paragraphe, consacré à la troisième forme de civilisation. L'auteur ne cesse de décrire celle-ci par opposition aux deux précédentes (« celle qui est au-delà du traditionalisme et de l'individualisme » ; « l'homme ne sera plus formé par une éducation rituelle stéréotypée comme dans les sociétés archaïques... il ne sera plus fortifié dans son individualité comme dans les sociétés des siècles derniers »). Il se réfère aussi bien aux sociétés archaïques (« la personnalité de base est en train de redevenir aussi forte que ») qu'à la seconde forme (« l'individu n'est pas plus... arraché à la solitude qu'il ne l'était dans la phase individualiste »). Ces reprises et ses confrontations, en même temps qu'elles renforcent la structure d'ensemble du texte, permettent d'enrichir et de préciser l'analyse des trois étapes annoncées au début.

La toute dernière phrase du texte rappelle en une sorte de synthèse les trois états de l'individu (qui correspondent aux trois formes de civilisation et aux trois modes d'existence qu'elles induisent) : l'individu n'est « ni un élément d'une totalité organisée » (rappel de la première étape, où la félicité est dans la fonction sociale), « ni un centre de décision personnelle » (rappel de la phase individualiste, où le bonheur est dans l'idéal personnel), « mais le reflet indéfiniment répété d'un être social anonyme » (civilisation de masse et bonheur fusionnel placé dans le conformisme).

Q 3 *Quels sont les deux problèmes – l'un explicite, l'autre implicite – que soulève la phrase suivante: «La formule de l'homme heureux de demain, ce sera le conformisme» (l. 65-66). Vous pouvez tenir compte de la date de publication de l'ouvrage.* (2 pts)

— « *La formule de l'homme heureux de demain, ce sera le conformisme* » déclare l'auteur. Son texte est publié en 1966. Nous sommes trente ans plus tard. Puisqu'il annonce alors une nouvelle forme de civilisation, qu'il voit déjà poindre aux États-Unis, la première question qui vient à l'esprit est de savoir si la prophétie s'est réalisée ou est en voie de l'être : le conformisme définit-il le « bonheur » de l'homme actuel, les modes de vie que celui-ci estime dignes d'être vécus ?

Mais cette question en recouvre une autre plus fondamentale : le conformisme peut-il rendre heureux ? Nous avons vu que, dans l'ensemble, le ton de ce texte est celui de l'exposé sociologique; il décrit, il ne juge pas. Cependant, on croit sentir (et un lecteur humaniste le sentira immédiatement) une certaine réserve devant la définition d'un tel bonheur. Quand l'auteur précise que l'individu ne sera plus un « centre de décision personnelle » (chose qui nous semble louable), mais « le reflet indéfiniment répété d'un être social anonyme », on peut douter qu'il trouve cet état souhaitable. On ne peut pas, par conséquent, se contenter de dire que l'homme contemporain associe de plus en plus son bonheur à des conduites d'imitation quasi involontaires : encore faut-il se demander s'il atteint un réel bonheur ce faisant, et si l'idée même de bonheur est compatible avec le conformisme.

Nous avons donc bien deux questions :
– Le conformisme domine-t-il les divers domaines de la vie moderne ?
– Le bonheur conforme est-il un bonheur authentique ?

Q4 *Dans quelle mesure l'auteur de ce texte énonce-t-il sa propre pensée ? Comment varie sa position vis-à-vis de la thèse énoncée ? (2 pts).*

Le discours sociologique est en principe un discours neutre. Cependant, l'auteur adhère plus ou moins au contenu de ce qu'il énonce, surtout si ce qu'il énonce résume la théorie d'un autre que lui-même. On remarque en effet que, dans chacun des paragraphes, Jean Cazeneuve fait explicitement allusion à Riesman, auteur de *La Foule solitaire* (ouvrage très critique sur la civilisation de masse) : « On pourrait reprendre la classique distinction établie par Riesman (...) La seconde phase, selon Riesman (...) c'est en tout cas, si l'on en croit Riesman, vers ce type de société que nous allons ». Ces références laissent penser que J. Cazeneuve se contente d'évoquer une thèse qu'il pourrait critiquer dans les pages suivantes.

Mais si l'on regarde l'emploi des verbes et des pronoms, on s'aperçoit que Cazeneuve se montre assez proche (tout en maintenant une certaine distance) de l'auteur qu'il résume. La modalisation de départ (« on pourrait ici reprendre ») garde la précaution d'un conditionnel ; mais dès les lignes suivantes, Cazeneuve décrit au passé, comme une donnée historique, l'état des civilisations archaïques (« C'était la tradition qui façonnait... chacun avait... on ne songeait », etc.) ; il emploie même un « on » par lequel il s'identifie (et nous identifie) aux individus des sociétés archaïques : il adhère donc explicitement à la thèse de Riesman. Au début du second paragraphe, si le nom de Riesman est rappelé, c'est pour faire place à des verbes au présent qui font état d'un constat actuel : «(la seconde phase) se prolonge encore dans la plupart de nos pays». Cette proposition se confirme au début du troisième paragraphe : « mais voici que commence ». Cazeneuve dit « chez nous », « on en voit se dessiner les principaux traits », « nous sommes en marche vers » ; la précaution « si l'on en croit Riesman » semble dans ce contexte être de pure forme. L'emploi du futur (l'homme sera, ne sera plus, renoncera, suivra) puis du présent (il n'a plus son libre arbitre, il est le reflet d'un être social anonyme) indiquent que l'auteur est bien saisi par l'évidence du tableau qu'il peint : c'est bien ainsi qu'il semble voir les choses, à la suite de Riesman.

Tel quel, le texte que nous avons sous les yeux ne nous permet pas d'en dire plus. Il est toujours possible qu'un auteur, lorsqu'il résume une pensée différente de la sienne, lui donne toute sa chance en l'exprimant dans toute sa clarté. Il peut très bien ensuite avancer certaines précautions (« selon Riesman » etc.) pour prendre ses distances. Mais il peut aussi hésiter lui-même, et, plus ou moins volontairement, tantôt adhérer à la thèse, tantôt s'en écarter...

TRAVAUX D'ÉCRITURE ET CORRIGÉS

T1 *Résumez brièvement le second paragraphe* (3 pts).

«Avec la Renaissance, notre civilisation aborde une seconde phase de son évolution : la satisfaction des besoins économiques, l'abondance nouvelle rendent inutiles l'organisation sévère des sociétés centrées sur leur survie. Dès lors, la notion de bonheur se dissocie de la fonction sociale, chacun peut orienter sa vie selon un idéal personnel. L'individualisme devient la philosophie du XVIIIe siècle.»
(Résumé de 60 mots environ).

T2 *Choisissez l'un des problèmes que vous avez dégagés précédemment (question n° 3), et rédigez la réponse que vous feriez à la question posée.* (7 pts).

> **Remarques préliminaires :** nous avons dégagé deux problèmes en répondant à la question n° 3 de la Première partie de l'épreuve :
>
> **1.** Le conformisme est-il devenu tel qu'il régit toutes les dimensions de l'existence heureuse de l'homme actuel ?
>
> **2.** Le conformisme peut-il rendre heureux d'un bonheur authentique ? Chacune de ces questions peut mériter une discussion complète avec thèse et antithèse. Mais aussi, puisqu'on vous demande de simplement rédiger votre réponse à la question que vous avez posée, vous pouvez développer unilatéralement la thèse de votre choix parmi les quatre propositions suivantes :
>
> *a)* Notre société est devenue totalement conformiste, et il n'est pas question d'être heureux en dehors de ce conformisme.
>
> *b)* Le conformisme est plus limité qu'on ne le dit, et chacun peut se constituer un modèle de bonheur personnel.
>
> *c)* Il est impossible d'être heureux dans le conformisme.
>
> *d)* Le conformisme est essentiel au bonheur ; on ne peut être heureux en dehors des normes, aujourd'hui comme hier.
>
> Chacune de ces thèses doit être envisagée par quelqu'un qui voudrait prendre position. Nous choisirons pour notre part de développer la première, ce qui revient à étayer le thème central du troisième paragraphe du texte.

[Introduction : La notion d'empreinte culturelle et la vraie dimension du conformisme]

Lorsque Cazeneuve définit la « personnalité de base » de l'homme actuel comme une « empreinte culturelle », il fait du conformisme bien autre chose qu'une mode superficielle que chacun adopterait sans conséquence sur son être profond. Le conformisme de l'individu contemporain est la base même de sa personne. Nous allons donc voir comment le moule social produit dans tous les domaines des manières d'être similaires, et comment ces modèles interdisent d'être heureux hors du conformisme.

[Première partie : Le règne de la similitude]

Qu'on observe l'homme de notre temps dans son éducation, dans sa profession, dans son mode de vie privé (consommation et relations), dans ses loisirs, dans sa pensée même, on peut être frappé par l'uniformité des conduites, des mœurs, des opinions, des normes.

L'école est toujours l'école, avec ses normes et ses obligations qui s'imposent à tout citoyen. Elle n'est pas en soi plus sévère que jadis ; mais la masse croissante des collégiens et lycéens, en obligeant la société à faire un enseignement de masse, interdit d'opérer une véritable personnalisation de l'éducation. Le moule est trop contraignant pour permettre l'épanouissement des caractères les plus originaux et l'émergence des créativités. Le bac est le passage obligé, rituel, sans lequel la réussite sociale est compromise.

Les modèles familiaux sont sans doute moins sévères qu'auparavant ; mais cet assouplissement, en réalité, livre davantage l'enfant aux pressions du groupe ou de la classe d'âge. Le « jeunisme », les modes de vie qui font « jeune », dont l'origine est à rechercher du côté de l'industrie médiatique et des campagnes publicitaires, normalisent les conduites et disciplinent les adolescents à leur insu. Ils craignent d'être différents ; ils s'imitent les uns les autres, ils vont même jusqu'à adopter des styles apparemment marginaux qui, en réalité, font régner le mimétisme collectif sous l'illusion de l'originalité.

La profession ? Tous les métiers ne se ressemblent-ils pas ? Ne voit-on pas partout des adultes rivés à un écran, tapant sur un clavier, et attendant de l'informatique ou de la télématique les marches à suivre, les idées à exploiter, les solutions à leurs problèmes ? Il n'y aura bientôt plus de créativité ni de responsabilité dans l'exercice de la profession, sauf pour quelques rares têtes pensantes ou de puissants décideurs.

Les modes de vie privée, où chacun croit être maître de son style d'existence, manifestent la même uniformité. L'habitat, la grande consommation (gammes de voitures, modes vestimentaires, etc.), les rites de la vie quotidienne (déplacements, alimentation, soirées télévisées) obéissent aux mêmes normes, que chacun intériorise plus ou moins consciemment. Les loisirs sont les mêmes : migrations vacancières, activités sur les plages, pratiques sportives, consommation « culturelles » (magazines dont les rubriques Santé, Famille, Sexualité, Psychologie se ressemblent étrangement par leurs présentations et leurs prescriptions).

La pensée obéit à la même uniformité, ce qui permet à Cazeneuve de définir l'homme contemporain comme un robot pensant. Ceci est valable aussi bien pour le citoyen moyen, dont la philosophie quotidienne se résume peut-être à l'idéal de la « société de consommation », que pour les sphères dirigeantes de la nation, dont une récente campagne présidentielle, en France, dénonçait la « pensée unique ». L'action des moyens de communication, de la publicité et de la télévision, expressément visée par le texte de Jean Cazeneuve, est ici déterminante. De nombreux auteurs la dénoncent comme remplaçant désormais l'influence de l'école ou de la religion. On ne pense plus, on « opine » ; et les sondages d'opinion, autant que les slogans publicitaires, semblent avoir pour effet principal de conduire chacun à adopter les attitudes majoritaires. À tel point qu'un récent essai choisit pour titre ironique la formule suivante : «*Les médias pensent comme moi !*[1]».

Ainsi, de la famille à l'entreprise, en passant par les loisirs ou l'existence privée, tout devient semblable à tout. On passe du prêt-à-porter au prêt-à-penser. Et cela crée un vertige quasi impossible à éviter.

[Deuxième partie : Le vertige du conformisme]

Le phénomène est si massif qu'il semble difficile, pour un individu épris d'originalité, de fuir le modèle régnant. Chacun reçoit chaque jour une multitude d'injonctions diverses : adoptez tel produit, ne manquez pas telle émission, réussissez

---

1. F. Brune, Éd. L'Harmattan, 1993. Nous nous inspirons de cet ouvrage.

en procédant de telle manière, voici ce qu'il vous faut, voilà comment l'on doit se comporter. D'une manière ou d'une autre, tous ces impératifs sont tournés vers le bonheur (le confort, la jouissance, l'achat, le voyage, le gain, la santé et la beauté, la réussite professionnelle, l'harmonie sexuelle, l'épanouissement dans les loisirs, etc.), et ce bonheur semble déjà vécu par les autres. On ne sait plus très bien si la félicité promise tient au contenu de ce qu'on nous propose ou au fait de se fondre dans la collectivité supposée illustrer ce modèle.

Il est vrai qu'on parle beaucoup de « personnalisation »; personnalisez votre voiture, personnalisez votre logement, vos loisirs, etc. Mais ce n'est souvent qu'un impératif qui dissimule à l'individu son conformisme de fond, dans le cadre de modes de vie partout répandus. Les marques de produits servent souvent, notamment chez les jeunes, à se donner une image que l'on croit originale. En fait, les gens ne se « distinguent » qu'en faisant comme les autres. Tel est le paradoxe et l'illusion qui régissent la notion même de mode : on s'imagine qu'on atteint la distinction en pratiquant le mimétisme collectif, et l'on n'arrive dans la plupart des cas, qu'à mépriser celui qui ne se conforme pas...

Car c'est là le vice fréquent du conformiste qui s'ignore, heureux ou non dans les modèles qu'il imite : il est souvent sans pitié pour ceux qui ne font pas comme lui. Il rejette le marginal ; il exclut le non conformiste dont l'indépendance menace son suivisme. Il y a un confort du nombre qui conduit à rire des marginaux, à faire peser sur eux une sorte d'intimidation condescendante : nous sommes la majorité, donc nous avons raison ; malheur à ceux qui ne suivent pas, qui ne sont pas à la mode, qui ne sont pas « de leur époque », qui ne vivent pas « avec leur temps » ! La masse n'aime pas ceux qui ne se fondent pas dans la masse, et d'ailleurs, la plupart des artistes ou des écrivains authentiques dénoncent – de tout temps – cet impérialisme du bonheur à la mode, sorte de morale infuse du groupe dominant : on peut citer Ionesco (*Rhinocéros*), Brassens, (« La mauvaise réputation »), La Fontaine (« Le Loup et le Chien ») ou encore Pierre Jackez Hélias qui écrivait : « Vivre dans le vent est une ambition de feuille morte.»

(Conclusion : vers un malheur conforme ?)

S'il y a un danger, dans nos sociétés, c'est effectivement de proposer (ou d'imposer) à tous de fausses images de bonheur qui ne rendent heureux ni ceux qui les adoptent (et qui se sentent insatisfaits de leur manque de consistance) ni ceux qui les refusent (et qui se sentent frustrés du « bonheur » des autres.) À vrai dire, on ne sait pas si le conformisme est vraiment la formule de l'homme heureux de notre temps, mais il est sûr que le non conformisme le voue au malheur pour cause d'inadaptation. Mais ne serait-ce pas le désir même de bonheur pour le bonheur, notion la plus discutable et la moins discutée, qui est à la base du conformisme contemporain et de la difficulté d'être heureux ? Si l'homme cherchait d'abord un sens à sa vie, et non son bonheur immédiat, ne vivrait-il pas de vraies joies en visant une forme de sagesse ? L'aventure intérieure est peut-être le seul moyen d'échapper au malheur conforme...

Remarque: ce développement est volontairement unilatéral. Il ne tient qu'à vous de le mettre en question point par point : ce sera un excellent entraînement...

2. ESSAI CRITIQUE

« L'Art et la Science », V. Hugo

1   Parmi les choses humaines, et en tant que chose humaine, l'art est dans une exception singulière.

La beauté de toute chose ici-bas, c'est de pouvoir se perfectionner ; tout est doué de cette propriété : croître, s'aug-
5 menter, se fortifier, gagner, avancer, valoir mieux aujourd'hui qu'hier, c'est à la fois la gloire et la vie. La beauté de l'art, c'est de n'être pas susceptible de perfectionnement. Insistons sur ces idées essentielles, déjà effleurées dans quelques-unes des pages qui précèdent.

10   Un chef-d'œuvre existe une fois pour toutes. Le premier poète qui arrive, arrive au sommet. Vous monterez après

lui, aussi haut, pas plus haut. Ah ! tu t'appelles Dante, soit ; mais celui-ci s'appelle Homère. Le progrès, but sans cesse déplacé, étape toujours renouvelée, a des changements d'horizon. L'idéal, point. Or le progrès est le moteur de la science ; l'idéal est le générateur de l'art. C'est ce qui explique pourquoi le perfectionnement est propre à la science, et n'est point propre à l'art. Un savant fait oublier un savant ; un poète ne fait pas oublier un poète.

L'art marche à sa manière ; il se déplace comme la science ; mais ses créations successives, contenant de l'immuable, demeurent ; tandis que les admirables à-peu-près de la science, n'étant et ne pouvant être que des combinaisons du contingent[1], s'effacent les uns par les autres.

Le relatif est dans la science ; le définitif est dans l'art. le chef-d'œuvre d'aujourd'hui sera le chef-d'œuvre de demain. Shakespeare change-t-il quelque chose à Sophocle ? Molière ôte-t-il quelque chose à Plaute ? même quand il lui prend Amphitryon, il ne le lui ôte pas. Figaro abolit-il Sancho Pança ? Cordelia supprime-t-elle Antigone ? Non.

Les poètes ne s'entr'escaladent pas. L'un n'est pas le marchepied de l'autre. On s'élève seul, sans autre point d'appui que soi. On n'a pas son pareil sous les pieds. Les nouveaux venus respectent les vieux. On se succède, on ne se remplace point. Le beau ne chasse pas le beau. Ni les loups, ni les chefs-d'œuvre, ne se mangent entre eux. […]

Shakespeare n'est pas au-dessus de Dante, Molière n'est pas au-dessus d'Aristophane, Calderon n'est pas au-dessus d'Euripide, *La Divine Comédie* n'est pas au-dessus de *la Génèse*, le *Romancero* n'est pas au-dessus de l'*Odyssée*. Sirius n'est pas au-dessus d'Arcturus. Sublimité, c'est égalité.

Victor Hugo, *William Shakespeare* (1864)
(Première partie, livre III).

---

1. accidentel, fortuit.

QUESTIONS D'ANALYSE ET CORRIGÉS

Q 1 *Citez une phrase qui résume la thèse soutenue par Victor Hugo dans ce texte.*
Quels champs lexicaux la développent ? (2 pts).

L'une des phrases qui résume la thèse de Victor Hugo, dans ce texte, est celle-ci : « Le perfectionnement est propre à la science, et n'est point propre à l'art. »

Selon Hugo, les expériences scientifiques peuvent générer un progrès puisque chacune sert d'appui à la suivante, alors que les chefs-d'œuvre artistiques, accédant à chaque fois à l'absolu, ne peuvent être ni dépassés ni périmés. Cette idée est reprise dans d'autres phrases : « Le progrès est moteur de la science ; l'idéal est le générateur de l'art » ; « Le relatif est dans la science ; le définitif est dans l'art. »

La thèse de Victor Hugo est développée grâce à deux champs lexicaux antithétiques : celui de l'inachèvement, et celui de l'achèvement. Le lexique de l'inachèvement est consacré à l'évocation de « toute chose ici-bas », sauf l'art, mais plus spécifiquement à la science, alors que le lexique de l'achèvement est réservé à l'art.

● Le champ lexical de l'inachèvement comporte plusieurs lexiques concomitants. Le premier, représenté par des termes comme « croître », « avancer », « étape », « changements d'horizon », est celui du mouvement. Le second, illustré par : « se perfectionner », « se fortifier », « gagner », « valoir mieux », est celui du progrès, du perfectionnement. Enfin, des termes comme « relatif », « s'effacent », appartiennent au domaine du temporaire.

● Le champ lexical de l'achèvement est constitué de termes positifs, comme « une fois pour toutes », « demeurent », « définitif », mais surtout de tournures négatives, évoquant des caractères contraires à ceux de la science, comme « n'être pas susceptible de perfectionnement », « pas plus haut », « ne s'entr'escaladent pas », « le beau ne chasse pas le beau », auxquelles on ajoutera la répétition d'expression

« n'est pas au-dessus ». Les avancées de la science sont provisoires, alors que les élévations de l'art sont indépassables.

Q2 *Étudiez l'emploi des modes indicatif et infinitif, dans ce texte. En quoi servent-ils l'argumentation ?* (2 pts).

Dans cet extrait, Victor Hugo utilise plusieurs modes, dont l'Indicatif et l'Infinitif.

● **L'indicatif** n'est illustré que par deux temps : le présent et le futur simple.

Le présent employé par Hugo n'est pas temporel : il ne traduit pas une actualité. C'est un présent intemporel, qui sert classiquement à évoquer une généralité, une réalité permanente. Ainsi peut-il servir à énoncer un constat : « le premier poète arrive (...) au sommet », ou une vérité générale : « un chef-d'œuvre existe une fois pour toutes. » Il permet des affirmations péremptoires : « Le beau ne chasse pas le beau. » Associé au verbe être, il sert à produire des formules à l'aspect indiscutable, frappantes : « sublimité c'est égalité. » L'usage du présent de vérité générale contribue donc à convaincre le lecteur.

Le futur est illustré par un seul exemple : « Vous monterez... » Hugo s'adresse ici aux génies qui succèdent au premier parvenu au sommet, et les avertit de leur sort futur. L'emploi du futur est à la fois prophétique et autoritaire : il exprime la certitude de celui qui sait l'avenir, puisqu'il a élaboré une théorie à ce sujet. La familiarité avec laquelle Hugo traite les génies, et la supériorité que lui confère son apparente lucidité, influent ainsi positivement sur le lecteur.

● Victor Hugo utilise beaucoup le mode **Infinitif** dans le second paragraphe. L'infinitif ne situe pas l'action à une époque, et ne l'inscrit pas dans une durée. Possédant un aspect absolu, atemporel, il sert ainsi à affirmer une généralité indépendante du lieu, de l'époque, des individus, comme : « La beauté de toute chose, ici-bas, c'est de pouvoir se perfectionner. » L'affirmation concerne la terre entière et tous ses éléments ; Hugo envisage le processus dans son aspect global, absolu : l'infinitif est donc bien ici un mode de la persuasion.

Q3 *Identifiez cinq procédés rhétoriques utilisés par Hugo pour convaincre son lecteur, en appuyant votre réponse sur des exemples tirés du texte.* (4 pts).

Dans ce texte, Hugo utilise de nombreux procédés rhétoriques :

● Plusieurs phrases, d'abord, possèdent une tournure emphatique, qui présente les choses sous une forme absolue, voire hyperbolique : « La beauté de l'art, c'est de n'être pas… » ; « Sublimité, c'est égalité. », « L'esprit humain, c'est l'infini possible. » Cette tournure, familière au langage parlé, permet d'insister sur le sujet, de le mettre en relief.

● Hugo utilise, également, de très nombreux parallélismes comme ceux-ci : « Le progrès est le moteur de la science ; l'idéal est le générateur de l'art » ; « Le relatif est dans la science ; le définitif est dans l'art. »

Le second paragraphe est, d'ailleurs, encadré par des parallélismes ; on retrouve la tournure : « La beauté de (…), c'est de… », suivie d'infinitifs. Le parallélisme de construction sert ici, dans tous les cas, à opposer de façon frappante la science et l'art. Aussi est-il associé à l'autre figure de rhétorique qu'est l'antithèse, comme en témoignent les termes : « se perfectionner » et « n'être pas susceptible de perfectionnement », « relatif » et « définitif », par exemple.

● Afin de convaincre, Hugo recourt aussi à l'énumération. Ainsi, au second paragraphe, six verbes successifs à l'infinitif, développent le propos initial : « pouvoir se perfectionner », en ajoutant à l'effet d'accumulation, la force du mode infinitif. Dans la seconde moitié du texte, Hugo énumère des noms propres d'écrivains, d'œuvres et de personnages, afin de montrer la diversité des génies, depuis l'Antiquité. L'énumération affecte également la syntaxe, comme en témoignent les nombreuses négations de la seconde moitié du texte. Leur accumulation est destinée à « détruire » les objections possibles des lecteurs.

● À l'énumération, Hugo associe parfois l'interrogation oratoire, qui contraint le lecteur à réfléchir aux situations envisagées, même si sa position à leur sujet ne fait aucun doute : « Shakespeare change-t-il quelque chose à Sophocle ? […] Non. »

● Hugo ne dédaigne pas de recourir à des métaphores prosaïques, dont le décalage avec le contexte attire l'attention. Ainsi file-t-il la métaphore[1] de l'escalade : « Les poètes ne s'entr'escaladent pas... » Il emploie aussi la métaphore animale : « Ni les loups, ni les chefs-d'œuvre ne se mangent entre eux. »

● De façon générale, dans ce texte, Hugo a le sens de la formule, de la phrase « frappée », qui réunit plusieurs procédés rhétoriques, pour mieux convaincre. Ainsi, la phrase : « Le progrès est le moteur de la science ; l'idéal est le générateur de l'art. », associe-t-elle un parallélisme, une antithèse, un emploi de termes abstraits, et l'utilisation du présent de vérité générale. L'ensemble des procédés crée un effet de clôture, et confère aux formules un caractère indiscutable.

Q 4 *Étudiez la composition et la fonction des énumérations employées dans les paragraphes délimités par les termes : « Le relatif... égalité » (2 pts).*

Dans ces paragraphes, Hugo énumère des noms de dramaturges, des titres d'œuvres, mentionnés en italique, et des noms de personnages de fictions. Il mêle les époques (de l'Antiquité, avec Sophocle, au XVIIIe siècle, avec Figaro), les pays (Grèce, Espagne, Italie...) les genres (épopée, théâtre, roman...). Cette énumération composite montre que les créateurs géniaux ne sombrent pas dans l'oubli, et qu'ils ne sont pas dépassés par des artistes ultérieurs. À la différence des scientifiques, dont les découvertes ne constituent qu'une étape dans un processus de connaissance progressive, les artistes énumérés échappent au temps. Chacun, à son époque, dans son pays, et grâce à un genre spécifique, a pu atteindre à la perfection. Tous se rejoignent dans le sublime. La présence finale dans l'énumération, d'auteurs et d'œuvres, de noms d'étoiles comme Sirius et Arcturus, étonne, mais elle est justifiée : en tant qu'étoiles de première grandeur, rivalisant de brillance, elles sont les métaphores des génies cités par Hugo.

---

1. Sur la métaphore filée, voir ci-dessus pp. 43-44.

TRAVAIL D'ÉCRITURE ET CORRIGÉ

T *Victor Hugo oppose, dans ce texte, « l'Art et la Science ». Cette opposition vous paraît-elle toujours fondée ? Vous présenterez votre réponse sous la forme d'un développement organisé et rédigé, illustré par des exemples (10 pts).*

Victor Hugo, dans son essai sur William Shakespeare, publié en 1864, établit une nette distinction entre la science et l'art. Selon lui, la notion de progrès, caractéristique de la science, ne peut être appliquée à l'art, puisque les créateurs géniaux accèdent d'emblée à un absolu indépassable. Mais si art et science peuvent paraître radicalement opposés, cet antagonisme est-il absolu ? Des liens étroits ne peuvent-ils exister entre ces deux domaines ?

[La thèse de Hugo]

L'art et la science semblent opposés : alors que la science connaît un progrès, l'art possède un aspect absolu.

Dès l'Antiquité, la science a connu un grand développement. Les Égyptiens furent de grands astronomes, les Arabes, de grands mathématiciens, et la Grèce vit naître des médecins illustres, comme Hippocrate ou Galien. Si l'on considère l'évolution des connaissances scientifiques et de leurs applications depuis, on constate qu'elles ont connu de grands progrès. Dans le domaine médical, par exemple, le fonctionnement du corps humain est de mieux en mieux maîtrisé : radiographies, échographies, scanner, permettent de déceler des anomalies ; on sait guérir par des médicaments de plus en plus efficaces. Des progrès ont également été réalisés dans la connaissance de l'univers. Si Pascal, dans ses *Pensées*, évoquait avec une grande force visionnaire, l'infiniment petit et l'infiniment grand, de nos jours, microscopes électroniques, téléscopes et sondes spatiales permettent d'explorer effectivement ces domaines, et de reculer les limites du monde connu. Les Encyclopédies, destinées à dresser un bilan des connaissances à une époque donnée, montrent bien l'évolution quantitative et qualitative de celles-ci. Elles permettent ainsi de fournir la base de nouvelles recherches. La science connaît donc bien, comme l'affirme Hugo, un progrès.

En revanche, l'art paraît posséder une valeur absolue, indépendante de l'idée de progression.

En littérature, la liste des grands auteurs étudiés en classe ne varie guère : Molière, Shakespeare, Sophocle et bien d'autres figurent au palmarès des auteurs dont le génie enrichit l'humanité. Toute bibliothèque, toute librairie se doit de posséder leurs œuvres. La comparaison entre grands auteurs telle qu'elle est effectuée dans les « parallèles » littéraires, par des auteurs comme La Bruyère, à propos de Corneille et Racine, ou Stendhal, à propos de Racine et Shakespeare, n'aboutit jamais à détruire l'image de l'un des écrivains, mais au contraire à les valoriser l'un par l'autre. En peinture ou sculpture, les élèves des Beaux-Arts souhaitant se former, doivent d'abord connaître l'histoire de l'art, et se familiariser avec la technique des grands artistes par la reproduction de leurs œuvres. Les musées locaux ou nationaux s'efforcent de faire entrer dans leurs collections, des créations de grands maîtres comme Chardin, Van Gogh, Rodin ou Matisse. Les prix atteints par ces toiles ou sculptures, lors de ventes aux enchères, montrent leur valeur... Cette consécration des grands artistes est d'ailleurs visible, dans le fait qu'ils servent constamment de référence, d'autorité. Au XVIIe siècle, l'imitation des « Anciens », considérés comme modèles absolus, est recommandée aux écrivains. Au XIXe siècle, les Romantiques reconnaissent en Shakespeare, le maître du drame. Même de nos jours, l'ensemble architectural « Antigone », imaginé par Ricardo Bofill pour la ville de Montpellier, constitue un hommage aux grands architectes du siècle de Périclès.

Il semble donc que si la science s'inscrit dans une perspective de progrès, l'art établit des notoriétés indépassables. Cependant, cette impression doit être relativisée.

[Discussion de la thèse de Hugo]

L'opposition entre science et art n'est pas aussi absolue que le soutient Hugo. D'une part, la science, comme l'art, comprend des éléments immuables. D'autre part, les artistes pensent souvent leur œuvre en termes de progrès.

Les sciences ne connaissent pas une remise en question permanente de leurs acquis par le progrès. Les mathématiques utilisent toujours, notamment en géométrie, un certain nombre de postulats ou de théorèmes — comme ceux d'Euclide ou de Thalès — datant de l'Antiquité. Le calcul arithmétique, matérialisé par le célèbre « deux et deux sont quatre [...] et [...] quatre et quatre sont huit » de Don Juan, dans la pièce de Molière, s'effectue toujours selon le même code. Si les calculatrices modernes permettent un gain de temps, elles exécutent les mêmes opérations que par le passé. D'une manière générale, une fois qu'une loi de fonctionnement a été établie, elle n'est plus remise en cause, et sert de base à d'autres calculs. Personne ne conteste plus, scientifiquement, les théories de Galilée sur le mouvement des planètes : on se contente de les préciser et de les compléter. Enfin, si Hugo déclare qu'un savant fait oublier un savant antérieur, on peut lui objecter qu'il existe, pourtant, un « Panthéon » des scientifiques, et que certains noms, comme ceux de Darwin, Pierre et Marie Curie, Einstein, sont aussi familiers au public, que ceux des artistes. Ces noms restent attachés à des découvertes majeures, comme celles de l'évolutionnisme, de la radioactivité et de la relativité. À Paris, le Musée des Sciences et Techniques est destiné à immortaliser un certain nombre de recherches. Enfin les prix Nobel scientifiques donnent au grand public l'occasion de découvrir des chercheurs éminents. Les scientifiques peuvent donc prétendre, comme les artistes, à une renommée que le temps n'altère pas.

Parallèlement, la singularité absolue d'un artiste, ne l'isole pas de ceux qui l'ont précédé, en fonction desquels il pense et crée son œuvre : lorsqu'un artiste crée, il est extrêmement rare qu'il n'ait aucune connaissance des productions antérieures à la sienne, dans le même domaine. Son œuvre contient donc, volontairement ou non, des éléments issus d'autres œuvres qui l'imprègnent d'influences diverses, dans sa forme ou son contenu. Ainsi, les poèmes de Du Bellay et Ronsard sont-ils souvent composés à l'imitation de Pétrarque, de même que le roman de Radiguet : *le bal du Comte d'Orgel*, transpose l'intrigue de *La Princesse de Clèves*, de Madame de La Fayette. *Don Quichotte*, de Cervantès, contient une parodie volontaire des romans de chevalerie médiévaux, destinée à montrer l'évolution des valeurs depuis cette époque.

Loin de se penser indépendants de leurs prédécesseurs, de nombreux artistes considèrent d'ailleurs que leur œuvre constitue un progrès, par rapport aux créations antérieures. Les Humanistes de la Renaissance ont ainsi rejeté les farces, soties, fabliaux issus du Moyen Âge, comme productions indignes d'une langue française qu'ils souhaitaient défendre et illustrer. À la fin du XVIIe et au XVIIIe siècle, de vives querelles ont opposé les «Anciens » et les « Modernes », en littérature, les partisans et adversaires de la musique italienne pour l'Opéra. Au XIXe siècle, la « bataille d'Hernani », a montré la violence de l'affrontement entre les romantiques, novateurs, et les tenants d'un art plus classique. Enfin, en peinture, les Impressionnistes ont affirmé que leur technique constituait un progrès dans la saisie d'impressions visuelles fugitives, par rapport à la peinture académique de leur époque. De nombreux artistes considèrent donc que l'art n'est pas absolu, et peut connaître un progrès. Or, loin d'être antagonistes, la science et l'art peuvent entretenir des liens.

- créer
- découvrir

[Dépassement de l'opposition : les liens entre l'art et la science]

Entre la science et l'art, la frontière est parfois peu marquée : certains scientifiques peuvent être artistes, alors que les créateurs utilisent les découvertes ou démarches de la science.

Jusqu'au XVIIIe siècle, artistes et scientifiques sont souvent confondus. À la Renaissance, Léonard de Vinci, peintre apprécié de François Ier, se livre également à des spéculations et expériences scientifiques, dont témoignent de multiples notes et croquis. Rabelais n'est pas seulement l'auteur des Cinq Livres illustrant les interrogations et quêtes de Gargantua, Pantagruel et Panurge ; il exerce la profession de médecin, traduit Galien, et pratique des dissections clandestines. Au XVIIème siècle, Pascal est à la fois mathématicien, inventeur d'une machine à calculer rudimentaire, et auteur des

Provinciales et des *Pensées*. Au siècle des Lumières, tous les écrivains-philosophes possèdent une formation scientifique qu'illustre, d'ailleurs l'*Encyclopédie*. Diderot, qui écrit des romans comme *Jacques le fataliste* ou *Le Neveu de Rameau*, montre, dans *Le rêve de d'Alembert*, une intuition de l'évolutionnisme qui sera découvert par Darwin. À cette époque, science et art ne sont pas séparés, et les écrits scientifiques sont rédigés dans une belle langue littéraire : les articles de l'*Histoire Naturelle* de Buffon révèlent un souci primordial du style, parfois au détriment de la rigueur scientifique.

Les artistes, quant à eux, s'appuient souvent sur la science pour créer. Au Moyen Âge, les bâtisseurs de monastères romans se livrent à de savants calculs, à partir des chiffres de la Bible, pour obtenir des proportions architecturales harmonieuses. Au XIXe siècle, le lien entre les découvertes scientifiques et l'art est très étroit. Les Impressionnistes, pour réaliser la nouvelle palette de couleurs nécessitée par leur esthétique, utilisent les recherches du chimiste Chevreul sur le cercle chromatique. Mais surtout, on assiste à la naissance de l'art nouveau qu'est la photographie. Or, les daguerréotypes de Nadar, qui nous permettent de connaître mieux le visage de Baudelaire, n'auraient pas été possibles sans les recherches de Niepce et Daguerre. De même, plus tard, c'est grâce aux travaux du biologiste Auguste Lumière, et à ceux de son frère chimiste, que « le septième art » a pu naître et se développer. Ces scientifiques ont permis à des artistes comme Renoir ou Carné de s'exprimer par un moyen nouveau. Au XXe siècle, également, André Breton et les Surréalistes ont fondé leur théorie artistique sur les recherches effectuées par Sigmund Freud, dans le domaine de l'Inconscient.

Certains artistes entendent même faire œuvre « scientifique ». Ainsi, les Naturalistes, regroupés autour de Zola, ont-ils proclamé, dans divers textes théoriques, que la littérature devait désormais servir la science. Émile Zola, s'appuyant sur les thèses de Taine et Renan, a voulu, dans sa vaste fresque des *Rougon-Macquart*, écrire l'« Histoire naturelle et sociale d'une famille sous le Second Empire », en mettant en évidence les conséquences de l'hérédité. Même s'il est évident qu'une fiction ne peut sérieusement vérifier une hypothèse réelle, le projet de Zola apparaît, ici, volontairement « scientifique ». À cette époque marquée par le positivisme – croyance que le progrès scientifique résoudra tous les problèmes –, la science constitue la caution indispensable à un art que l'on veut, désormais, utile à la société.

Ainsi, le jugement d'Hugo doit-il être relativisé. Science et art, même s'ils paraissent opposés, ne sont pas antagonistes, et les échanges sont fréquents entre les deux domaines. Par contre, il semble que les statuts de la science et de l'art se soient modifiés à partir du XIXe siècle. Les progrès scientifiques accomplis depuis cette époque ayant globalement amené une amélioration des conditions de vie, la science s'est trouvée valorisée, comme « utile », alors que l'art passait peu à peu pour un luxe superflu, réservé à des privilégiés. Il faut donc espérer que les futures politiques éducatives sauront rééquilibrer les statuts respectifs de l'art et de la science, pour une complémentarité fructueuse.

3. POÈME À CONTENU ARGUMENTATIF

«Souvenir de la nuit du 4», V. Hugo

> Le 4 décembre 1851, lors du coup d'État de Louis-Napoléon Bonaparte, un enfant de sept ans et demi, nommé Boursier, est tué lors d'une fusillade rue Tiquetonne, près du boulevard Montmartre, à Paris. Victor Hugo participe à la veillée funèbre.

1 L'enfant avait reçu deux balles dans la tête.
Le logis était propre, humble, paisible, honnête;
On voyait un rameau bénit sur un portrait.
Une vieille grand-mère était là qui pleurait.
5 Nous le déshabillions en silence. Sa bouche,
Pâle, s'ouvrait ; la mort noyait son œil farouche;
Ses bras pendants semblaient demander des appuis.

Il avait dans sa proche une toupie en buis.
On pouvait mettre un doigt dans le trou de ses plaies.
10 Avez-vous vu saigner la mûre dans les haies ?
Son crâne était ouvert comme un bois qui se fend.
L'aïeule regarda déshabiller l'enfant,
Disant : – Comme il est blanc ! approchez donc la lampe.
Dieu ! ses pauvres cheveux sont collés sur sa tempe ! –
15 Et quand ce fut fini, le prit sur ses genoux.
La nuit était lugubre; on entendait des coups
De fusil dans la rue où l'on en tuait d'autres.
– Il faut ensevelir l'enfant, dirent les nôtres.
Et l'on prit un drap blanc dans l'armoire en noyer.
20 L'aïeule cependant l'approchait du foyer,
Comme pour réchauffer ses membres déjà roides.
Hélas ! ce que la mort touche de ses mains froides
Ne se réchauffe plus aux foyers d'ici-bas !
Elle pencha la tête et lui tira ses bas,
25 Et dans ses vieilles mains prit les pieds du cadavre.
– Est-ce que ce n'est pas une chose qui navre !
Cria-t-elle ; monsieur, il n'avait pas huit ans !
Ses maîtres, il allait en classe, étaient contents.
Monsieur, quand il fallait que je fisse une lettre,
30 C'est lui qui l'écrivait. Est-ce qu'on va se mettre
À tuer les enfants maintenant ? Ah ! mon Dieu !
On est donc des brigands ? Je vous demande un peu,
Il jouait ce matin, là, devant la fenêtre !
Dire qu'ils m'ont tué ce pauvre petit être !
35 Il passait dans la rue, ils ont tiré dessus.
Monsieur, il était bon et doux comme un Jésus.
Moi je suis vieille, il est tout simple que je parte ,
Cela n'aurait rien fait à monsieur Bonaparte
De me tuer au lieu de tuer mon enfant ! –
40 Elle s'interrompit, les sanglots l'étouffant,
Puis elle dit, et tous pleuraient près de l'aïeule :
– Que vais-je devenir à présent toute seule ?
Expliquez-moi cela, vous autres, aujourd'hui.
Hélas ! je n'avais plus de sa mère que lui.
45 Pourquoi l'a-t-on tué ? je veux qu'on me l'explique.

L'enfant n'a pas crié Vive la République ! –
Nous nous taisions, debout et graves, chapeau bas,
Tremblant devant ce deuil qu'on ne console pas.

Vous ne compreniez point, mère, la politique.
50 Monsieur Napoléon, c'est son nom authentique,
Est pauvre, et même prince ; il aime les palais ;
Il lui convient d'avoir des chevaux, des valets,
De l'argent pour son jeu, sa table, son alcôve,
Ses chasses ; par la même occasion, il sauve
55 La famille, l'église et la société ;
Il veut avoir Saint-Cloud plein de roses l'été,
Où viendront l'adorer les préfets et les maires ;
C'est pour cela qu'il faut que les vieilles grand'mères,
De leurs pauvres doigts gris que fait trembler le temps,
60 Cousent dans le linceul des enfants de sept ans.

Victor Hugo, *Les Châtiments*, II, 3.

QUESTIONS D'ANALYSE ET CORRIGÉS

Q1 *Étudiez les valeurs d'emploi du pronom «on» du vers 3 au vers 32.* (2 pts).

● Dans ses trois premiers emplois (v. 3, v. 9 et v. 19), le pronom « on » a une valeur élargie : « On voyait » équivaut à « tout le monde pouvait voir ». Il réunit les spectateurs de la toilette funèbre de l'enfant (le narrateur et ses compagnons) et le lecteur dont l'imagination est ainsi sollicitée. Au vers 19 « on » a plus précisément une valeur de substitut de « nous » : « on prit un drap blanc ». (On trouve d'ailleurs ce « nous » au vers 5 : « nous le déshabillions »).

● Au vers 17, en revanche, le pronom « on » a une valeur moins définie : « la rue où l'on en tuait d'autres ». « On », dans ce cas, renvoie à un groupe anonyme de « soldats tueurs d'enfants » durant la nuit du 4 décembre 1851. La relative indétermination du pronom contribue à créer un climat d'opacité propre à cette nuit lugubre. Il permet aussi d'englober dans la dénonciation le bras qui exécute (les soldats) et celui qui a ordonné la fusillade (Louis-Napoléon).

● Dans le discours de la grand-mère, aux vers 30 et 32, « on » a deux fois une valeur d'indéfini. D'abord la vieille femme ne nomme pas précisément les responsables de la mort de son petit-fils (« on » du vers 30). Ensuite, elle formule ses accusations de façon approximative (« on est donc des brigands ! »). En fait, elle ne réussit pas à démêler les raisons d'un tel événement, parce qu'elle ne comprend pas la politique (v. 49). Ces emplois de « on » permettent au narrateur de préparer l'explication finale qui établit clairement la culpabilité de « Monsieur Napoléon ».

Q2 *Relevez et analysez trois procédés qui contribuent à toucher la sensibilité du lecteur.* (3 pts).

Parmi les procédés responsables de la tonalité pathétique (c'est-à-dire propres à toucher la sensibilité du lecteur), on peut noter :

● la description de l'enfant mort (v. 1 à 11), de ses blessures (v. 1, v. 9-11), de son corps qui semble à demi-vivant (« Ses bras pendants semblaient demander des appuis », v. 7), des objets qui rappellent ses jeux et soulignent l'absurdité de son destin (la « toupie en buis »), des gestes de la grand-mère qui essaye de le ramener à la vie ;

● le lexique de l'émotion et la gradation dans l'expression des sentiments : « silence » des témoins, pleurs puis cri de la grand-mère, émotion générale (« et tous pleuraient près de l'aïeule » v. 41) ;

● les verbes de perception qui font appel à la sensibilité du lecteur : « on voyait » (v. 3), « Avez-vous vu » (v. 10), « on entendait » (v. 16) ;

● les interjections (« Hélas ! »), les interrogations et les exclamations dans le discours de la grand-mère (voir question suivante).

Q3 *Quelle est la fonction des interrogations aux vers 26, 30-31, 42, 45 ?* (2 pts).

L'interrogation dans le discours de la grand-mère a trois fonctions principales :

● Elle exprime son indignation dans l'interrogation oratoire du v. 26 (qui est une exclamation plus qu'une question) et son désarroi (v. 42).

● Elle traduit son incompréhension devant la mort de l'enfant, un événement dont elle ne parvient pas à démêler les causes (v. 30-31 et v. 45).

● Elle sollicite une explication : « Pourquoi l'a-t-on tué ? Je veux qu'on me l'explique. »

Ces questions reçoivent précisément une réponse dans le discours du narrateur aux vers 50-60.

Q4 *Étudiez l'emploi des connecteurs logiques dans le discours du narrateur (vers 50 à 60). Que peut-on remarquer?* (3 pts).

On relève entre les différents éléments du discours du narrateur (vers 50 à 60) trois corrélations explicites marquées par « et même » (v. 51), « par la même occasion » (v. 54) et « c'est pour cela qu'il faut que… » (v. 58). Cependant aucune de ces corrélations n'a une valeur purement logique.

● En effet le « et même » du vers 5 qui devrait marquer une gradation relie des termes qu'on aurait plutôt tendance à opposer : « pauvre » et « prince ». Il apparaît dans le contexte que « pauvre » a une valeur proche de l'antiphrase. V. Hugo joue ici de l'allusion en rappelant ironiquement que Louis-Napoléon a écrit avant la révolution de 1848 un essai sur le paupérisme (c'est-à-dire sur les origines de la pauvreté). Il dénonce dans le même temps le goût du prince pour les richesses et son appétit du pouvoir (v. 52-54).

● L'expression « par la même occasion » met sur le même plan, d'une façon surprenante, deux faits sans rapport : l'ambition personnelle de l'auteur du Coup d'État du 2 décembre et la justification politique données *a posteriori* de sa prise du pouvoir « il sauve/ la famille, l'église et la société ». Hugo souligne ainsi ironiquement le décalage entre les discours et les intentions véritables du futur empereur.

- C'est encore l'ambition démesurée et finalement criminelle de Louis-Napoléon qui est condamnée dans l'emploi impropre, faussement logique, de « C'est pour cela qu'il faut que » : le rapport de cause à conséquence et de nécessité établi par cette expression entre les désirs frivoles du prince et la mort des enfants doit scandaliser la raison et provoquer l'indignation du lecteur.

TRAVAUX D'ÉCRITURE ET CORRIGÉS

T1 *En vous appuyant sur le texte et sur la notice historique qui le précède, racontez en une dizaine de lignes, comme aurait pu le faire un journaliste, l'événement qui donne son titre et son sens à « Souvenir de la nuit du 4 ». (3 pts).*

Dans la soirée du 4 décembre 1851, la troupe a ouvert le feu sur la foule dans le quartier du boulevard Montmartre. Un enfant de sept ans, nommé Boursier, a été mortellement blessé de deux balles dans la tête. Celui-ci ne participait pas à la manifestation des républicains mais passait simplement rue Tiquetone au moment de la fusillade. M. Victor Hugo et plusieurs de ses amis ont transporté l'enfant chez la grand-mère avec laquelle il vivait seul. Ils ont aidé la vieille femme qui ne pouvait comprendre un tel drame, dans la toilette funèbre de la victime. Au cours de cette même nuit du 4, d'autres fusillades ont été entendues dans le quartier où l'on a dénombré plusieurs morts

La comparaison entre ce récit et celui de V. Hugo permet d'observer toute la différence entre la neutralité, la froide objectivité d'un article de fait-divers, qui livre les faits bruts sans les interpréter ou rechercher leurs causes, et la double

- dimension pathétique et critique du poème des *Châtiments*, qui ajoute à la relation des faits des commentaires de la grand-mère et du narrateur, en en faisant un texte engagé. Dans l'*Histoire d'un crime*, Victor Hugo a raconté en prose la veillée funèbre de la rue Tiquetone. Selon Aragon, il n'y a pas « de leçon de poésie plus valable que la comparaison de ce récit en prose et du poème « Souvenir de la nuit du 4. »

T 2 *Étudiez sous la forme d'un développement composé les moyens utilisés par V. Hugo pour donner à ce poème la vigueur d'une dénonciation.* (7 pts).

Le poème des *Châtiments*, « Souvenirs de la nuit du 4 », est d'abord une « chose vue » et racontée par V. Hugo : la toilette funèbre d'une enfant tué rue Tiquetone à Paris lors du coup d'État du prince-président Louis-Napoléon Bonaparte en décembre 1851. Mais au récit proprement dit s'ajoutent le discours et les interrogations pathétiques d'une grand-mère en larmes puis le commentaire teinté d'ironie du narrateur. Dès lors le poème prend la valeur d'une dénonciation : il cherche en premier lieu, par la description de l'enfant mort et du chagrin de son aïeule, à créer une émotion qui conduit le lecteur à la question « pourquoi ? ». Il reste au poète à donner l'explication en désignant le responsable de cet événement tragique et en passant de l'image au symbole.

● La première étape de la dénonciation est la description d'un spectacle à la fois tragique et absurde : celui d'un enfant mort, fauché dans la fleur de l'âge, au milieu de ses jeux d'enfant et de l'affection des siens, par un destin atroce. Le lecteur ne peut rester insensible aux images de son corps martyrisé, aux efforts de sa grand-mère pour le ramener à la vie et à la désolation de la vieille femme. L'effet pathétique de ce tableau d'un ensevelissement est très fort (voir les procédés du pathétique étudiés dans la question n° 2 p. 152). On observe chez les participants de la scène une montée parallèle de la tristesse et de l'indignation.

Ces sentiments sont particulièrement mis en valeur chez la grand-mère par le passage au discours direct. Son éloquence est amplifiée par les interrogations oratoires (« Est-ce que ce n'est pas une chose qui navre ? »), l'appel constant au destinataire (« Je vous demande un peu, [...] Expliquez-moi cela, [...] Je veux qu'on me l'explique »), l'apostrophe (« Monsieur », « vous autres »), les renforcements expressifs (« C'est lui qui l'écrivait. [...] On est donc des brigands ? [...] Moi je suis vieille... »).

Mais c'est surtout en exprimant son incompréhension que la grand-mère souligne le caractère choquant, injuste et révoltant de la mort de l'enfant. Les interrogations nombreuses qui caractérisent son discours (voir question n° 3 p. 153) témoignent de ce sentiment et préparent l'explication finale donnée par le narrateur, point d'orgue de la dénonciation.

Le narrateur fait écho à l'émotion de la grand-mère (on notera l'interjection « Hélas ! » dans leurs deux discours) mais on notera surtout l'ironie de son propos dans la dénonciation, sur le mode de l'allusion, d'une politique absurde, incompréhensible pour ceux à qui elle s'applique : « Vous ne compreniez point, mère, la politique. » Dans son discours, les marques du respect et de la commisération envers le prince sont feints : « Monsieur Napoléon [...] Est pauvre, et même prince. »

● L'antiphrase « c'est son nom authentique » souligne le caractère d'usurpation du pouvoir de Louis-Napoléon Bonaparte qui s'est servi de la légende de son oncle Napoléon Ier pour asseoir son autorité. Le rapprochement surprenant entre l'adjectif « pauvre » et l'amour du luxe prêté au prince est un autre trait d'ironie comme le rapprochement illogique entre ce goût des richesses et la mission de sauveur confiée à Louis-Napoléon, homme providentiel : « par la même occasion, il sauve/La famille, l'église et la société ». La contradiction entre cette mission bien mal assumée (puisqu'elle aboutit à un culte de la personnalité) et le deuil des grands-mères est suggérée à travers une articulation faussement logique : « C'est pour cela qu'il faut... » (voir question n° 4).

Cette dernière partie du poème permet à Hugo de développer ses critiques en donnant à l'épisode dont il a été le témoin une portée symbolique. Le meurtre d'un enfant est un attentat contre l'innocence mais aussi contre la famille, pilier de la société aux yeux de l'écrivain. D'où la dernière image, à la fois chargée d'émotion, résumant l'horreur du drame et opposant dans un mouvement de généralisation la légèreté du prince au malheur des « grands'mères » et des « enfants de sept ans ».

L'efficacité de la dénonciation tient dans ce poème au mélange de plusieurs tonalités : le pathétique et le tragique d'une scène douloureuse qui permettent d'atteindre la sensibilité du lecteur, l'éloquence oratoire des discours qui invitent à une réflexion sur l'injustice, l'ironie du narrateur qui guide cette réflexion dans une mise en cause de plus en plus directe du responsable. Spectateur engagé de l'Histoire, V. Hugo a voulu faire du recueil des *Châtiments* un défi à « Napoléon le Petit » et l'occasion d'une méditation sur les dérives du pouvoir.

INDEX DES THÈMES ET DES NOTIONS

Les chiffres renvoient aux pages du « Profil »

THÈMES

Art (et science), 138-139
Bonheur, 64-65, 126-128
Civilisation, 126-128
Comédien (et sensibilité), 84-85, 98-100
Condition humaine, 120-121, 149-151
Conformisme, 126-128
Éducation, 101-102
Égalité, 77-78
Engagement, 112-113
Femme (condition de la), 55
Fidélité / inconstance, 70-71, 107-108
Pardon (et vengeance), 58-59, 94-97
Perfectibilité, 77-78
Publicité, 64-65
Science (et art), 138-139
Travail, 101-102
Vérité (et littérature), 88-89

NOTIONS

Absurde (raisonnement par), 39
Anaphore, 46-47
Antiphrase, 44-45
Antithèse, 44-45
Apostrophe, 49-50
Argumentation (structure), 34-35
Champ lexical, 30-34
Comparaison, 41-44
Concession, 48-49
Connecteurs, 39-41

Connotation, 29-30
Déductif (raisonnement), 37-38
Didactique (tonalité), 52-53
Énonciation, 11-13, 20-22
Euphémisme, 48
Figures (de rhétorique), 41-49, 54-57
Gradation, 47
Hyperbole, 47-48
Implicite, 21
Inductif (raisonnement), 37
Ironie, 22, 54
Litote, 48
Lyrique (tonalité), 53
Métaphore, 32, 41-44
Modalisation, 16-18
On (valeurs), 15-16
Oratoire (procédés et questions), 49-57
Oxymore, 46
Paradoxe, 46
Période, 51
Polémique (tonalité), 53-54
Présupposés, 21
Raisonnement (types de), 37-39
Réseau lexical, 30-32
Rhétorique (figures), 41-49, 54-57
Rythme, 51-52
Syllogisme, 38
Tonalités, 52-55

COORDINATION ÉDITORIALE : ALAIN-MICHEL MARTIN
MAQUETTE : ALAIN BERTHET

Bussière Camedan Imprimeries
à Saint-Amand (Cher), France.
Dépôt légal : avril 2000. N° d'édit. : 18192. N° d'imp. : 001812/1.